RACHI DE TROYES

DU MÊME AUTEUR

Les Juifs de France, Paris, Albin Michel, 1975.

Napoleon, the Jews and the Sanhedrin, Londres, Routledge and Kegan, 1979.

Les Juifs d'Algérie et la France (1830-1855), Jérusalem, Institut Ben-Zwi, 1981.

Le Registre des délibérations de la nation juive portugaise de Bordeaux (1711-1787), Paris, Centre culturel portugais, 1981.

Kahal. La communauté juive de l'Europe médiévale, Paris, Maisonneuve et Larose, 1986.

Le Journal révolutionnaire d'Abraham Spire, Paris, Institut Alain de Rothschild-Verdier, 1989.

Du Juif à l'israélite; Histoire d'une mutation (1770-1870), Paris, Fayard, 1989.

SIMON SCHWARZFUCHS

Rachi
de Troyes

Avec un glossaire d'ancien français
établi par Moché Catane

Albin Michel

Collection dirigée par Menorah/F.S.J.U.
Conseil éditorial : Mireille Hadas-Lebel

POUR DAN ET NOURIT

ISBN : 2-226-05146-5
ISSN : 0755-169X

INTRODUCTION

Rachi de Troyes, Rachi en Champagne, reste le premier, le plus connu des juifs de France. Son influence a bien dépassé les frontières de la ville et de la province de sa naissance : il est devenu le maître de tout Israël ! Du ghetto à la rue des Juifs, du xie siècle à nos jours, l'enseignement du judaïsme, l'étude de la Bible et du Talmud ne commencent vraiment que lorsque l'enfant balbutie les premiers mots de ses commentaires.

Il naquit à Troyes, vers 1040, et c'est là qu'il reçut l'essentiel de sa formation grâce à sa famille et aux ressources que pouvait offrir la communauté juive qui s'y était établie. Plus tard, il fréquenta les grandes écoles de Rhénanie, mais c'est à Troyes qu'il écrivit et enseigna jusqu'à sa mort survenue en 1105. Il y était si bien enraciné qu'il signait ses lettres Salomon de Troyes ! Sa famille resta attachée à la ville de sa naissance, à la Champagne et aux grands centres du judaïsme de la France du Nord. Elle y résida jusqu'à ce qu'un roi de France en ait décidé autrement en 1306[1].

Maître des enfants d'Israël, Rachi est également celui de leurs parents. Parmi toutes les sommités du

---

1. Date de l'expulsion des Juifs de France par Philippe le Bel.

Moyen Age, juives et chrétiennes, il est sans doute le seul dont l'œuvre ne soit pas seulement étudiée par de savants spécialistes, mais par tous. Ce maître antique a su rester un contemporain, et c'est grâce à lui que la Bible hébraïque et le Talmud ne sont pas devenus des livres clos. Il en est le meilleur, le plus clair des guides.

Il n'était ni théologien ni philosophe, mais un éternel étudiant qui toujours reprenait son ouvrage. Il a toujours appris et toujours enseigné. Pour lui, l'étude et l'enseignement étaient un couple indissociable, comme le maître et l'élève ! Son œuvre écrite est d'une générosité infinie, car il n'a jamais songé qu'à répandre la connaissance et la parole de Dieu. Pour ce faire, il a toujours recherché la clarté de pensée et la clarté du style, qualités françaises par excellence que ce fils de Troyes a su transposer dans l'hébreu rabbinique dans lequel il a rédigé son œuvre, non sans utiliser, chaque fois qu'il le jugeait nécessaire, le terme français ou l'exemple champenois qui pouvait rendre sa pensée plus compréhensible.

Maître de tous les juifs, il fut aussi celui de bon nombre de chrétiens qui appréciaient particulièrement ses commentaires bibliques ; ceux-ci finirent d'ailleurs par être traduits dans plusieurs langues, dont le latin et le français. Échappant ainsi aux seules limites des études sacrées juives, il fait désormais partie du patrimoine du genre humain tout entier.

CHAPITRE I

LA CULTURE JUIVE
EN EUROPE OCCIDENTALE
AVANT RACHI

L'installation des juifs en France du Nord et en Rhénanie

C'est vers la fin du Xᵉ siècle que commence vraiment l'histoire des juifs d'Europe. Certes nous rencontrons antérieurement çà et là des témoignages de leur présence, mais ils sont tellement épars, et tellement disparates qu'il serait aventureux de vouloir les utiliser pour retracer l'histoire de leur arrivée en Occident. Il serait même assez difficile de se prononcer sur l'éventuelle continuité d'un établissement juif de l'époque gallo-romaine jusque vers l'an mil. Tout ce qu'il est possible d'affirmer, c'est que vers la fin du VIIIᵉ siècle et au début du IXᵉ, on assiste à un repeuplement juif de l'Occident, dont les foyers principaux sont Narbonne au sud et le pays mosan au nord.

Sans aucun doute, Narbonne doit son ascension à l'apport venu de l'Espagne musulmane, mais qu'en est-il du Nord, aussi bien du futur pays de *Tsarfat*, la France du Nord, que de celui d'*Ashkenaz*, nom qui, pendant de longs siècles, désigna exclusivement l'Allemagne ? On a longtemps cru que les juifs d'Allemagne y étaient venus de France et que ces nouvelles colonies constituaient autant de prolongements du judaïsme de

Tsarfat, comme ce fut le cas en Angleterre par la suite. La survivance de nombreux termes français dans la langue des juifs du pays mosan semblerait confirmer cette origine, d'autant que la direction des migrations juives se fait généralement d'ouest en est. Les juifs de *Tsarfat* seraient eux-mêmes venus de Provence, puis certains d'entre eux, de plus en plus nombreux, auraient continué vers l'Allemagne. Un tel point de vue fait peu de cas du mur infranchissable ou presque qui séparait les juifs du nord de la France — *Tsarfat* — de ceux du sud, du pays qu'on appelait en hébreu *Provintzia,* et qui correspondait en gros à l'Occitanie. Les Provençaux, quand ils connaissaient leurs voisins du Nord, les appelaient *Tsarfatim,* les Français, et ne tenaient pas à être confondus avec eux, ni d'ailleurs avec les *Sefardim,* les juifs d'Espagne. *Tsarfat* et Provence étaient deux mondes différents, alors que tout montre l'étroitesse des liens qui unissaient les juifs de la France du Nord et ceux de l'Allemagne.

Il faut plutôt inverser le sens de cette migration : ce sont les juifs d'Allemagne qui se sont installés en France, et non les juifs de France en Rhénanie. Aux XIIIe et XIVe siècles, les persécutions et les expulsions aidant, ce sens s'inversera à nouveau et les juifs de France devront, dans leur majorité, chercher refuge à l'Est. La centralité du pays d'entre Rhin et Meuse, véritable cœur de l'Empire carolingien, y a très naturellement attiré des marchands en quête d'affaires. Les juifs, nombreux en Italie centrale et méridionale, y ont trouvé les débouchés qui leur faisaient défaut. Une vieille tradition affirme que Charlemagne lui-même aurait fait venir de Lombardie le juif Kalonymos de Lucques qui s'installa avec sa famille dans la vallée du Rhin. Que l'initiative en revienne à Charlemagne ou à

Othon II, comme le soutient une tradition concurrente, la présence de cette famille est solidement attestée en Rhénanie au Xe siècle. Elle n'y devait jamais perdre le souvenir de son origine italienne.

Ce transfert avait permis l'introduction en Europe du Nord de la culture talmudique. Est-ce à dire que les juifs qui étaient alors installés en dehors de l'Italie, dernier conservatoire des traditions juives en Europe, vivaient en quelque sorte en marge du judaïsme ? A la vérité, nous ne savons presque rien de leur culture religieuse, et la manière dont l'héritage talmudique et les pratiques du judaïsme se sont maintenus en Europe avant le grand réveil du Xe siècle nous échappe. Sans aucun doute, ces juifs restaient porteurs de nombreuses traditions, ils lisaient l'hébreu, mais que savaient-ils en dehors des principales prières et du Pentateuque ? Leur fidélité juive est indéniable, et la mission chrétienne ne manquait pas de leur reprocher leur opiniâtreté. Pour eux, le christianisme restait une forme d'idolâtrie, même si les chrétiens n'étaient pas tous des idolâtres. Toutefois, il ne semble pas que les juifs du pays mosan, ou tout au moins les premiers d'entre eux, aient participé aux études talmudiques qui se développaient alors en Italie, où elles avaient pénétré par la Sicile et le sud de la péninsule. Le célèbre Rabenou Tam ne déclarait-il pas au milieu du XIIe siècle que « la Torah était sortie de Bari et la parole du Seigneur d'Otrante » ? C'est à Rome que devait être composé le premier dictionnaire du Talmud, preuve supplémentaire de l'intérêt provoqué par ces études et de leur constant développement.

Mais pourquoi cette culture talmudique n'apparut-elle en pays mosan qu'au milieu du Xe siècle, quelque cent cinquante ans après l'arrivée des marchands juifs dans les palais de l'Empereur ? Ce décalage doit être attribué à la nature même de cette migration qui a entraîné d'abord des hommes intrépides, des marchands aventureux. Les hommes de cabinet, les savants et les étudiants n'arrivèrent qu'une fois les communautés établies, quand ils furent assurés qu'ils pouvaient transporter en Allemagne un mode de vie et une tradition intellectuelle qui avaient été les leurs dans l'Italie méridionale. On pourrait presque avancer comme loi de l'histoire juive qu'un laps de temps d'environ deux siècles a toujours été indispensable pour que les études talmudiques s'enracinent et se développent. Entre-temps, la visite de savants itinérants pouvait préparer cet enracinement.

Quoi qu'il en soit, les implantations juives en Allemagne se multiplient à partir de la seconde moitié du IXe siècle, surtout le long du Rhin qui reste l'itinéraire le plus pratique en un temps où le cours d'eau l'emporte sur la route. C'est ainsi que surgirent les communautés de Spire, Worms, Mayence, connues en général sous le nom de *Kehilot Shoum*, les communautés de *Shoum* (sigle formé à partir des initiales hébraïques du nom de chacune de ces villes) ainsi que celles de Bonn et Cologne. Les juifs avaient été invités à s'y établir pour favoriser leur développement économique. Ils avaient reçu un terrain pour y construire leurs maisons, et un autre pour leur cimetière. Bientôt, pour se protéger de la populace, ils entourèrent d'un mur leur groupe d'habitations. Ainsi se créa un quartier juif spécifique, une ville dans la ville. Les quartiers juifs apparaissent donc dès cette époque, mais il ne s'agit pas encore de ghettos, car ce sont les juifs eux-mêmes qui décident de s'y réunir pour mieux faire face aux besoins du culte. Ils peuvent aussi continuer de vivre parmi les chrétiens, s'ils le trouvent utile, mais le regroupement semble être devenu la règle.

Combien de juifs réunissait la communauté locale ? Toutes les estimations qui ont pu être proposées ont leur source dans les listes des victimes des croisades, auxquelles il est bien difficile de faire confiance, car les répétitions et les confusions y abondent. Ces listes ont été souvent recopiées, et il n'est pas impossible que des listes d'origines diverses aient été fondues. Dans les plus grandes villes de l'Empire, les juifs ne consti- tuaient même pas le quart ou le cinquième de la population. Les communautés de cinq cents âmes y étaient rarissimes, et la population juive moyenne s'élevait à environ cinquante familles. Du fait que nombre de victimes portaient des noms d'origine française, on ne saurait conclure à une importante immigration venue de France, car beaucoup de ces noms étaient usités alors en Allemagne. S'il y eut des mouvements migratoires, ils ne semblent pas avoir été d'une grande ampleur.

Ces communautés donnent le sentiment de la pros- périté, car la présence des juifs y avait été souhaitée, comme l'attestent les chartes qui leur furent concédées à Worms ou à Spire. Sans doute restaient-elles sou- mises en dernier ressort aux seigneurs locaux ou à l'Empereur, mais elles s'étaient vu reconnaître une autonomie considérable sur les plans administratif et judiciaire. L'antique tradition de la personnalité des lois leur permettait de vivre et de s'organiser selon les lois du judaïsme, d'avoir leurs propres tribunaux et de maintenir leur particularisme. Le pouvoir politique continuait de les considérer comme un groupe et négociait avec eux en tant que tel. L'individu n'existait que dans la mesure où il arrivait à se soustraire à la discipline collective. Sans doute la loi et l'usage leur conféraient-ils un rang inférieur à celui des chrétiens, mais il ne faut pas en déduire que la loi ne les protégeait pas contre les attaques ou les injustices flagrantes. Ils devaient cependant savoir qu'ils ne pouvaient aspirer au même statut que leurs voisins. Si leur sécurité et celle de leurs biens étaient généralement assurées, cette sécurité se révélait illusoire lors d'une persécution ou d'une explosion populaire. Entre-temps, ils pouvaient espérer mener une vie normale. Ce fut notamment le cas après l'expulsion des juifs de Mayence en novembre 1012 : ils étaient déjà de retour le 30 janvier 1013. Il est probable qu'ils en tirèrent un surcroît de confiance, et qu'ils purent considérer que leur établissement était devenu permanent.

L'essor des études en Rhénanie

La stabilité de ces populations urbaines que renforçaient leur réussite économique et le calme quasi général dans lequel elles s'épanouissaient, avait rendu possible l'essor des études juives dans le pays mosan. Celles-ci concernaient essentiellement les commentaires bibliques et talmudiques, avec un intérêt renouvelé pour la poésie religieuse, le *piyout*, généralement destiné à faire partie de la liturgie locale.

Les conditions de cette renaissance étaient totalement différentes de celles du monde chrétien, où la culture trouvait refuge et épanouissement dans le cadre des institutions religieuses, et plus spécialement des monastères. Rien de semblable dans les communautés juives : non seulement elles n'avaient pas d'institutions culturelles, mais elles ne concevaient pas, du moins à cette époque, qu'il pût y avoir de séparation totale entre le monde des laïcs et celui de l'étude. Le lettré devait savoir partager sa journée entre le temps consacré à la recherche de sa subsistance et le temps réservé à l'étude.

Les *yechivot*, ou écoles talmudiques, qui existaient sans doute à l'époque, n'étaient point institutionnalisées (contrairement à celles de notre temps). Une *yechiva*, c'était un maître qui recevait quelques élèves dans sa maison, bien souvent à ses frais, et leur dispensait son enseignement, non seulement parce qu'il le souhaitait, mais parce que c'était son devoir, la parole de Dieu devant remplir la terre. Aussi bien, en ce temps, les *yechivot* n'étaient-elles pas connues par le nom de la ville où elles se trouvaient, mais par celui du maître autour duquel on se rassemblait. Elles apparaissaient avec eux, et disparaissaient avec eux. Une certaine continuité finit par s'établir dans les grandes communautés, qui étaient devenues un pôle d'attraction pour les savants. La réputation de la *yechiva* était fonction de celle du maître, et pouvait être mesurée au nombre des élèves qui venaient y écouter son enseignement. Non seulement le maître ne se faisait pas rétribuer par eux, mais il s'efforçait de les aider pour qu'au moins pendant ces années d'apprentissage ils pussent consacrer tous leurs instants à l'étude sacrée. Ce n'est que bien plus tard, avec l'enracinement de l'institution rabbinique, qu'apparaîtront des maîtres dont tout le temps sera consacré à la communauté dont ils auront la charge, et à leurs élèves.

L'afflux vers la Rhénanie de savants de la Torah venus d'Italie, et soucieux de transmettre leurs con-

naissances, allait immanquablement y provoquer une
intensification des études religieuses. Sans doute ces
communautés se souciaient-elles de la pratique religieuse ou de l'organisation du culte en général, mais les
préoccupations intellectuelles leur étaient étrangères.
L'arrivée de Mechoulam ben Kalonymos à Mayence,
où il passa une quinzaine d'années, jusque vers l'année
1005, produisit une véritable révolution de l'enseignement.

La réputation de Mechoulam repose moins sur son
commentaire du *Traité des Pères* (*Pirké Avot*) et ses
piyoutim que sur ses *responsa*[1]. Il a laissé environ
quatre-vingt-dix *responsa*, mais un nombre bien plus
grand s'est perdu. Encore en Italie, il était consulté de
toutes parts. En abordant sur les rives du Rhin, il
apportait avec lui toute la science du judaïsme italien,
qui avait bénéficié de contacts fréquents avec les écoles
babyloniennes, grandes détentrices de la tradition
talmudique. C'est grâce à Mechoulam ben Kalonymos
que celle-ci fut transplantée en Rhénanie.

Le nouveau centre d'études juives devait être appelé
à prendre la relève d'un judaïsme oriental défaillant.
Mayence attira bientôt des savants qui y trouvèrent un
champ d'activités considérable. Dès cette époque, on y
reconnaît l'activité de R. Juda ben Meïr ha-Cohen,
surnommé R. Léon, Leoni ou Leontin[2], également
originaire d'Italie méridionale à ce qu'il semble. Selon
son disciple Rabenou Guerchom : « Il était unique en
sa génération, et il ne convient pas de s'écarter de son
enseignement. » Avec lui fleurirent alors à Mayence
Simon ben Isaac, grand auteur de *piyoutim*, et Machir

1. Voir définition *infra*, chapitre V.
2. Le lion est le symbole de la tribu de Juda (Gn 49,9).

ben Juda, frère de Rabenou Guerchom et auteur de l'*Alphabet de R. Machir*, un dictionnaire des mots difficiles de la Bible et du Talmud, fort utilisé aux XIe et XIIe siècles avant de tomber dans l'oubli et de disparaître. L'existence même d'un tel dictionnaire montre bien à quelle maîtrise on était arrivé à Mayence dans le domaine des études bibliques et talmudiques. Pour le rédiger, il avait fallu tirer parti de la tradition orale venue des centres babyloniens ainsi que des résultats de l'érudition locale.

Rabenou Guerchom, « la lumière de l'exil »

Vers la fin du Xe siècle, Mayence était donc devenue un centre d'études important. A cette époque, la personnalité la plus marquante en était Rabenou Guerchom ben Juda, auquel la postérité devait accorder le titre de *Meor ha Gola*, « la lumière de l'exil ». Son prestige en fit un personnage quasi mythique auquel on eut quelquefois tendance à attribuer la paternité de toutes les décisions dont l'origine se perdait dans la nuit des temps. Guerchom, né à Metz, à ce qu'il semble, s'installa par la suite à Mayence où il mourut en 1028. On ne sait rien de ses parents. Sa femme s'appelait Bonne, fille de David. Son fils fut contraint à la conversion lors de la persécution locale, et l'on dit que, pour cette raison, son père prit le deuil pour lui.

Il semble bien que Mayence ait eu dès cette époque une *yechiva* collégiale où enseignaient plusieurs maîtres, sous l'autorité incontestée de Rabenou Guerchom. S'il faut en croire un récit contemporain, les problèmes rituels qui lui étaient adressés étaient examinés par les maîtres, mais les élèves (appelés *Bené ha-yechiva*) pouvaient élever des objections ou marquer leur étonnement. La décision finale appartenait cependant à Rabenou Guerchom.

L'étude commune avait très probablement lieu à la synagogue. Les livres, rares en ce temps, faisaient sans doute l'objet de prêts de particuliers. Pour rassurer leurs propriétaires, il fut nécessaire de proclamer une *takana*, ou règlement, interdisant aux emprunteurs de conserver par-devers eux les livres empruntés, même en contrepartie de quelque prêt consenti à leur propriétaire. La seule exception prévue visait les instituteurs, qui étaient autorisés à les garder jusqu'au paiement de leurs gages. Une bonne part de ces livres provenait sans doute d'Italie, mais il est plus que probable qu'on se mit bientôt à les recopier sur place. On finit ainsi par réunir à Mayence tous les traités du Talmud, les principaux recueils de *Midrachim* et quelques textes des *Gueonim* babyloniens. On possédait aussi déjà, semble-t-il, des notions du Talmud de Jérusalem.

Bien que Rabenou Guerchom ait joué dans sa communauté un rôle éminent, une seule *takana* lui est nommément attribuée au XIe siècle, celle qui interdit de rappeler au pénitent sa faute, autrement dit de faire reproche à qui que ce soit de s'être converti au christianisme, après son retour au judaïsme. Sans doute la tragédie de son fils mort en chrétien lui inspira-t-elle cette mesure qui interdisait d'accumuler des obstacles sur la voie du repentir en rappelant une apostasie passée.

Le nom de Rabenou Guerchom fut également attaché plus tard à deux *haramot* ou excommunications, interdisant la polygamie et la répudiation de la femme sans son accord. Aux XIe et XIIe siècles, elles étaient connues comme les ordonnances des trois communautés, Worms, Spire et Mayence. Rabenou Guerchom fut probablement leur initiateur, mais il appartenait aux communautés souveraines — leurs représentants dûment mandatés s'étaient réunis à cet effet — de prendre la décision. Ainsi donc se trouve posé dès cette époque le problème délicat des rapports du savant — *talmid hakham* d'abord, rabbin ensuite — avec la communauté.

La tradition rapporte que Rabenou Guerchom avait copié de sa main divers traités de la Michna et du Talmud, car il attachait la plus grande importance à l'établissement d'un texte correct de ces livres, partageant ainsi le souci majeur des savants chrétiens du haut Moyen Age dont l'ambition était de procurer un texte indiscutable de la Vulgate. Rabenou Guerchom dut se servir des livres parvenus à Mayence, mais il n'est pas certain qu'il prit la route pour en examiner d'autres.

L'établissement du texte ne pouvait se fonder uniquement sur la comparaison des manuscrits. Pour départager ceux-ci, il fallait montrer la cohérence du texte en l'expliquant. Ainsi s'élabora un commentaire suivi du Talmud dont la première ébauche est probablement due à Rabenou Guerchom lui-même. La caractéristique de l'étude talmudique étant d'être toujours recommencée et de ne jamais se terminer, d'autres commentaires vinrent s'ajouter au premier. Lentement le commentaire de Rabenou Guerchom devenait le *Kountras*[3] *Magentsa*, le commentaire de Mayence, à la formation duquel prirent part plusieurs générations de maîtres et d'étudiants. Cela n'empê-

---

3. *Kountras* : mot formé à partir du latin *commentarius*.

chait nullement certains de ces maîtres de réunir dans un *Kountras* personnel leurs commentaires propres ainsi que ceux qui les avaient particulièrement frappés. Les commentaires s'accumulaient donc à Mayence, qui était probablement devenue le plus grand dépositaire de manuscrits hébraïques de l'Occident.

Le *Kountras Magentsa*, généralement intitulé *Perouch Rabenou Guerchom* — il est imprimé sous ce nom dans les éditions modernes du Talmud —, connut son heure de gloire avant de tomber dans l'oubli d'où l'ont délivré les éditeurs modernes du Talmud dit de Vilna. Il n'a pas été conservé dans son intégralité, malgré son laconisme. En effet, ce n'est pas un commentaire suivi du Talmud, mais plutôt un auxiliaire qui explique surtout le sens des mots, sans se livrer à une véritable interprétation. Tel quel, il facilitait considérablement l'étude du Talmud.

Au premier rang des élèves de Rabenou Guerchom, il faut citer Jacob ben Yakar. Grâce à la découverte fortuite de sa pierre tombale, nous savons qu'il mourut en l'année 4824, selon le comput hébraïque, soit en 1063-1064, à un âge assez avancé. Il semble avoir écrit des commentaires bibliques et talmudiques dont certains furent conservés par ses disciples et servirent à l'étude.

Son successeur, Isaac ben Juda, nettement plus jeune que lui (il vécut jusque vers 1090), le seconda quelque temps dans la *yechiva* de Mayence. D'un tempérament très prudent, il s'attacha au maintien des méthodes d'enseignement et d'exposition admises, ce qui ne l'empêcha pas de préparer un commentaire du Talmud, dont seules des citations ont été préservées. Il écrivit également un nombre assez important de *responsa*.

Si Mayence dominait, il ne faut pas négliger ses deux communautés sœurs, Worms et Spire. La synagogue de Worms, inaugurée en 1034 — fut-elle la première ? —, a survécu jusqu'à nos jours. Un cimetière, qui existe toujours, était déjà ouvert en 1076. Quelques années plus tard, en 1090, l'empereur Henri IV reconnut l'importance de la communauté de Worms en lui accordant une charte octroyant la liberté de mouvement à ses habitants dans le royaume entier, ainsi que divers privilèges économiques. Cette communauté prospère attirait naturellement de nouveaux membres. Certains, venus de Mayence, durent exercer une influence peut-être décisive sur son organisation et ses mœurs. Worms, conformément à l'usage établi, resta cependant une communauté indépendante : Mayence pouvait lui demander de s'associer à ses délibérations et à ses décisions, mais ne pouvait lui imposer son autorité.

Le plus connu des maîtres de Worms, où s'était également ouvert une *yechiva*, est Isaac ben Elazar ha-Lévi, surnommé Segan Levia — abrégé en Segal — qui avait fait ses études à Mayence.

En 1084, un incendie détruisit toute la rue des Juifs de Mayence. Craignant d'en être tenus pour responsables, les juifs se réfugièrent à Spire, où l'évêque de la ville leur accorda (la même année) une charte très avantageuse, pour garder ces nouveaux venus qui contribuaient à la prospérité de sa ville. L'empereur Henri IV confirma leurs privilèges quelque temps plus tard. Les savants, venus de Mayence à Spire, devaient y donner une grande impulsion aux études sacrées au XIIe siècle.

A la veille des croisades, les communautés rhénanes étaient devenues les dépositaires des études juives, en raison du rayonnement de leurs maîtres et du nombre considérable de manuscrits qui s'y étaient accumulés. Une intense soif de savoir y régnait, qui ne le cédait en rien à l'esprit d'entreprise des hommes d'affaires qui s'y étaient réunis. Le *talmid hakham,* l'homme versé dans les études sacrées, était devenu un modèle qu'on imitait. Une véritable révolution avait eu lieu, qui allait transformer tout le judaïsme médiéval.

Tel est l'arrière-plan culturel qui nous permet de mieux saisir l'apparition de Rachi en France du Nord au XIe siècle.

CHAPITRE II

LA VIE DE RACHI

Une légende veut que Rachi soit né l'année même de la mort de Rabenou Guerchom : le flambeau se serait ainsi transmis sans discontinuité ; mais c'est en 1040, douze ans après la disparition du maître de Mayence, que naquit à Troyes Salomon ben Isaac connu sous le nom de Rachi. Les explications de ce nom varient : pour les uns, il s'agirait des initiales de Rabbi Shlomo Ytshaki, Rabbi Salomon fils d'Isaac ; pour les autres, de l'abréviation de Rabbi Shlomo *Cheyiyhé*, « Rabbi Salomon, qu'il vive longtemps ». Au cas où la seconde explication devrait être retenue, elle montrerait qu'il avait déjà reçu ce surnom de son vivant, signe incontestable de la considération dans laquelle on le tenait.

שׁ
שׁלֵיחֵ

Un manuscrit indique ainsi la date de sa mort :

> « L'arche divine, le Saint des Saints, le grand maître Rabenou Salomon (que le nom du juste soit une bénédiction), fils du saint R. Isaac le Français, nous a été enlevé le jeudi 29 Tamouz 865 [1] de la création du monde. Il avait soixante-cinq ans lorsqu'il fut appelé dans le collège céleste. »

1. 13 juillet 1105.

S'il faut en croire ce texte, le père de Rachi aurait subi le martyre : en effet, l'appellation de *Kadoch*, « saint », était réservée à ceux qui avaient sanctifié le Saint Nom, en mourant pour lui. Son surnom de *Tsarfati*, « Français », montre qu'il était déjà lui-même né en France. Il faut cependant préciser que *Tsarfat*, dans la langue de l'époque, a commencé par désigner l'Île-de-France, avant d'être appliqué à la France du Nord.

Les études de Rachi

Dans un de ses commentaires, Rachi cite une explication de son père, qu'il appelle également « mon maître » : il est donc fort possible qu'il ait fait une bonne partie de ses premières études avec lui. Son oncle maternel, Simon fils d'Isaac, dit Simon l'Ancien, avait été l'élève du célèbre Rabenou Guerchom. Rachi avait eu entre les mains les notes prises à ses cours. Il les désignait du terme de *Yessod*, « le fondement », et non de celui de *Kountras* sous lequel ce commentaire fut connu plus tard. Ces deux termes qui ne sont pas rares à cette époque devaient sans doute désigner, l'un le livre du maître, le commentaire rédigé par celui-ci, et l'autre les notes prises par l'élève ; par la suite, ils semblent être devenus interchangeables. En tout cas, Rachi nous dit qu'il avait pu, grâce à ce *Yessod*, prendre connaissance de certaines explications de Rabenou Guerchom. Sans aucun doute son oncle lui avait-il également décrit ce qu'il avait vu à Mayence, la richesse de ses bibliothèques et la qualité de ses maîtres.

Nous savons fort peu de chose sur son enfance et sur ses études, mais tout montre qu'il fut un enfant prodige. Ses écrits témoignent d'une connaissance encyclopédique de la littérature rabbinique, sa mémoire devait donc être extraordinaire : il est impossible en effet qu'il ait pu se servir d'ouvrages de référence, d'index ou de dictionnaires qui n'existaient pas de son temps. Pour écrire son commentaire de la Bible, il devait connaître tout le Midrach. Pour rédiger son commentaire du Talmud, il devait connaître tout le Talmud par cœur. Son savoir n'était limité que par l'insuffisance des bibliothèques. Comme les livres ne circulaient guère à cette époque, le savant devait se rendre dans les lieux où ils étaient conservés. Toute cette littérature, de même que l'œuvre de Rachi, était rédigée en cet hébreu qu'on devait appeler l'hébreu rabbinique.

Rachi fut-il séduit par les récits de son oncle, ou bien connut-il l'effort déjà ancien des correcteurs de la Vulgate ? Il est impossible d'en décider, mais il est évident qu'il ressentit bientôt le besoin de compléter son information en recherchant les manuscrits et les sources qui lui faisaient défaut en France. Il est cependant remarquable qu'il ait pu mener à bien ses études dans la petite communauté de Troyes et s'y faire le renom d'un maître accompli. Troyes devait déjà abriter au milieu du XIᵉ siècle une bibliothèque de manuscrits hébraïques considérable, comprenant tout au moins des rituels, des bibles, et le Talmud entier ou presque.

Rachi avait environ vingt ans lorsqu'il entreprit son long et périlleux voyage en Rhénanie. Il se rendit tout d'abord à Mayence, où il suivit l'enseignement de celui qu'il devait considérer comme son maître, Jacob ben Yakar. Ce dernier semble avoir été le premier à reconnaître les exceptionnelles dispositions de son nouvel élève, et il exerça une profonde influence sur lui, tant dans le domaine des études, que dans le domaine moral. Pour Rachi qui admirait sa modestie et son humilité, il fut un exemple. C'est très probablement Jacob ben Yakar qui lui découvrit l'enseignement des maîtres de Mayence, en lui communiquant leurs manuscrits, y compris des autographes de Rabenou Guerchom, et lui permit de s'initier à la critique des textes. Rachi lui en eut une profonde reconnaissance.

Jacob ben Yakar étant mort en 1064, Rachi poursuivit un certain temps ses études avec Isaac ben Juda, l'autre maître de Mayence. Ce dernier ne s'était cependant pas encore imposé et Rachi ne lui marque pas la même déférence. Leur correspondance atteste cependant l'affection qui régnait entre eux, ainsi que l'estime que portait le maître à son jeune élève. Celui-ci devait cependant repartir bientôt pour la *yechiva* de Worms, où il séjourna assez longuement pour y suivre l'enseignement d'Isaac ha-Lévi qui reconnut son excellence. Il resta d'ailleurs en contact avec lui après son retour en France, ainsi que le montre leur correspondance.

Rachi dans la vie quotidienne

Rachi apprit beaucoup en Allemagne par les cours de ses maîtres et son examen assidu des manuscrits. Ce contact personnel eut encore d'autres résultats. A cette époque, il n'y avait ni codes, ni recueils d'usages (le *Shulhan Aroukh* date de la fin du xvie siècle); il importait donc de savoir comment se conduisaient les maîtres les plus qualifiés dans leur vie quotidienne et devant des situations inattendues. Les exemples comptaient beaucoup : Rachi dut observer et imiter les usages de ses maîtres[2].

Prit-il femme avant ou après son retour en France vers 1067 ? Il ne donne pas de précision à ce sujet, et mentionne seulement qu'il avait manqué de pain et de vêtements convenables pendant ses études, alors qu'il était déjà marié. Il retourna cependant à Worms cinq ans plus tard afin d'y poursuivre ses recherches et de reprendre ses discussions avec son maître. Il devait regretter par la suite de ne pas avoir pu faire le voyage une troisième fois. A l'occasion, il écrivait en Allemagne pour demander de vérifier la leçon d'un manuscrit ou faire contrôler l'exactitude des notes qu'il avait prises.

Entre-temps, il était devenu père de trois filles : Myriam, Jokhebed et Rachel. La première épousa Juda ben Nathan, surnommé Rivan, la seconde Meïr ben Samuel, originaire de Lotharingie. Quant à la troisième fille, elle nous est surtout connue par son divorce : on l'appelait Belleassez et elle épousa un certain Wecelin qui finit par la répudier. L'acte de divorce fait apparaître leurs noms hébraïques : Rachel et Eliézer. Ainsi donc on pouvait, dès cette époque, porter un nom hébraïque et un nom vernaculaire.

On ne sait pour ainsi dire rien des occupations professionnelles de Rachi. Selon certains auteurs, il aurait été vigneron. En ce temps-là, les vignes n'étaient pas rares autour des maisons car plus d'un propriétaire produisait alors le vin nécessaire à la consommation de sa famille. C'était très probablement le cas de la

---

2. Il devait en résulter une importante littérature de *minhagim* inspirés par les disciples des maîtres, dont le recueil le plus connu fut, trois siècles plus tard, les *minhagué ha-Maharil*, rassemblant les usages du judaïsme allemand.

plupart des Juifs de la région pour lesquels la production du vin posait nombre de problèmes d'ordre rituel. Il serait donc assez imprudent de considérer que Rachi était un grand producteur et qu'il fabriquait du champagne en une époque où il n'en existait pas encore ! Il reste que la rédaction de son œuvre a dû prendre beaucoup de temps et qu'il a également dû en consacrer beaucoup aux élèves qui commençaient à se réunir autour de lui. Il finit par établir une *yechiva*, mais rien n'indique que celle-ci ait pu également devenir source de revenus. Il ne paraît pas non plus que les communautés de l'époque aient salarié leurs fonctionnaires. Sans doute entendrons-nous parler par la suite de rabbins prêteurs d'argent, occupation peu astreignante et qui laissait de nombreux loisirs pouvant être utilement consacrés à l'étude, mais ce n'était pas encore le cas du temps de Rachi. Le problème de sa subsistance reste donc entier. Il est même compliqué par l'afflux des étudiants qui venaient se réunir auprès du maître, et qui s'attendaient très naturellement à ce qu'il pourvoie à leurs besoins spirituels et matériels. Rien n'indique en effet qu'ils payaient leur maître, comme ce devait être le cas dans les futures universités. La diffusion de l'étude sacrée restait pour le maître un devoir impératif.

Ses disciples

Nous ne savons pas comment fonctionnait alors une *yechiva*, mais il y a tout lieu de penser qu'à Troyes comme en Rhénanie, elle consistait essentiellement en une réunion d'élèves autour du maître, probablement dans la maison de ce dernier. Rachi eut le bonheur de réunir autour de lui de nombreux disciples, au premier rang desquels viennent ses deux gendres, Juda et Meïr. Le premier est plus connu par son œuvre que par sa biographie. Il commenta une bonne partie du Talmud, selon la méthode et l'esprit de Rachi — très probablement sous son contrôle — et compléta le commentaire de son maître sur le traité talmudique *Makkot*. Le second, Meïr ben Samuel, avait, peu après son mariage, fréquenté la *yechiva* de Worms. A son retour à Troyes, il s'installa pour une raison inconnue dans le village proche de Ramerupt, où il ouvrit une école qui connut la célébrité.

La renommée de R. Meïr ne repose pas seulement sur sa parenté avec Rachi : il fut aussi le père de savants de tout premier rang. L'aîné, Samuel, surnommé Rachbam, fut l'élève de son grand-père et rappela à l'occasion leurs discussions et leurs entretiens. Il semble avoir eu vingt ans dans l'année du décès de Rachi (1105). Il retourna alors à Ramerupt ou s'installa peut-être quelque temps à Caen. Il séjourna également à Paris où il rencontra d'autres élèves de Rachi. Il possédait des troupeaux de brebis dont un chrétien s'occupait pour lui. Sa fille Marona en surveillait la traite et il est évident qu'il en vendait la laine, qui, comme toutes celles qui provenaient de Champagne, était fort prisée au Moyen Âge. Rachbam était connu pour sa grande humilité. Il n'élevait pas le regard, si bien qu'un jour il faillit monter dans une voiture tirée par un mulet et un cheval, attelage interdit par la loi mosaïque (Dt 22, 10). Par miracle, rapporte le chroniqueur, Jacob, son plus jeune frère, passa à ce moment. Il lui dit : « Ne sois pas un si grand saint. Lève les yeux : un cheval et un mulet sont devant toi. »

Cela n'empêchait d'ailleurs pas Rachbam d'être au courant des affaires de ce monde, comme on le voit dans ses écrits. Il composa entre autres un commentaire de la Bible, dont seule la partie relative au Pentateuque nous est parvenue dans sa presque totalité. Il commenta également une partie du Talmud. Ce commentaire n'échappe pas à l'influence de Rachi, mais ne saurait être confondu avec l'œuvre de son grand-père. Les commentaires de Rachi sur les traités *Baba Batra* et *Pessahim,* qui étaient restés inachevés, furent complétés par lui.

Le second fils de Meïr, Isaac, surnommé Rivam, mourut du vivant de ses parents en laissant sept orphelins. Ses écrits sont mentionnés assez souvent, mais rien ne nous en est parvenu. Meïr eut encore deux fils dont le plus jeune, prénommé Salomon comme son grand-père, est surtout connu pour ses travaux portant sur la grammaire et la vocalisation.

Le plus célèbre des fils de Meïr est sans conteste le troisième : Jacob, né vers 1100. Il fut bientôt surnommé Rabenou Tam, à l'image du patriarche Jacob qui était *tam* c'est-à-dire intègre, parfait (Gn 25, 27). Peut-être rencontra-t-il son grand-père, mais il était trop jeune pour suivre son enseignement. Ses maîtres furent son père et son frère Samuel. Comme eux, il devait résider à Ramerupt. Sa femme Myriam, originaire de Falaise semble-t-il, lui donna quatre fils dont l'un, Salomon, lui servit de secrétaire. Rabenou Tam s'occupait de viticulture, mais l'on ne sait si cette production était destinée à l'usage familial ou à la vente. Le plus clair de ses revenus provenait cependant du prêt d'argent qui, au XIIe siècle, était déjà devenu l'occupation principale des juifs. Rien ne serait plus faux que de croire que les juifs en éprouvaient quelque gêne : ils n'en étaient pas plus embarrassés que les banquiers d'aujourd'hui ! Le commerce de l'argent pour les juifs était parfaitement légal. Son taux était fixé par le prince qui le réglementait dans tous ses détails, quitte même à devenir l'associé des prêteurs juifs, auxquels il monnayait l'usage du sceau des juifs. Pour Rabenou Tam, cette occupation était donc un gagne-pain honorable. Grâce à sa fortune, il employait une nombreuse domesticité, juive et chrétienne, et fut peut-être appelé par le comte de Champagne à exercer des fonctions officielles.

La considération que lui portaient juifs et chrétiens lui valut en 1147 d'être attaqué par des croisés qui s'emparèrent de lui, et le blessèrent de cinq blessures à la tête en lui disant : « Tu es le plus grand d'Israël. C'est pourquoi nous vengerons sur ta personne le crucifié. Nous te blessons comme vous avez blessé notre Seigneur. » Il fut finalement sauvé par un seigneur auquel il promit le versement d'une somme importante. A la suite de cet incident, Rabenou Tam quitta Ramerupt, devenue peu sûre, et gagna Troyes qui redevint ainsi un des hauts lieux du judaïsme. La fin de sa vie — il mourut en 1171 — fut endeuillée par une accusation de crime rituel qui fit trente et une victimes dans la ville de Blois. Son œuvre considérable, comme celle de ses oncles et de ses frères, s'inscrit dans la continuité de Rachi.

Les élèves de Rachi furent nombreux en dehors du cercle familial. Certains rapportent ses enseignements en indiquant qu'ils les avaient reçus *mipi mori*, « de la bouche de mon maître ». Parmi eux, il faut citer Chemaya, si proche de lui qu'il fut surnommé le secrétaire de Rachi (il mit en ordre les notes de son maître), Joseph Qara (dont le nom est peut-être à rattacher à *Miqra*, Écriture sainte), auteur d'importants commentaires portant sur les Prophètes et les Hagiographes redécouverts à l'époque moderne, et Simha ben Samuel de Vitry, dont le rituel, le *Mahzor Vitry*, est un guide du fidèle, dans lequel sont rassemblés les textes des prières, et les lois qui les concernent. Un tel ouvrage — il y en eut d'autres qui s'en inspirèrent — était indispensable puisque les juifs ne disposaient alors ni d'un code religieux, ni d'un rituel bien défini. En effet, si on était d'accord pour le cadre et l'articulation générale de la prière, la confusion régnait pour tout ce qui concerne la récitation des *piyoutim* et des prières particulières. Il fallut attendre l'imprimerie pour qu'un texte définitif fût adopté, éliminant les variantes locales. C'est ainsi que coexistèrent longtemps un rituel de Troyes, un rituel de Bourgogne et quelques autres. Sans aucun doute Simha de Vitry avait-il noté l'ordre des prières, les *piyoutim* et les lois particulières qui les régissaient comme il les avait vu pratiquer dans l'école de Rachi.

Dans la maison de Rachi, les femmes n'étaient pas exclues de toute forme de culture, bien au contraire. Sans doute faut-il attribuer à l'initiative de Rachi le fait que ses filles et d'autres femmes de sa famille aient reçu, très probablement dans le cadre familial, un enseignement sérieux. Leurs contemporains les louaient et n'hésitaient pas à les interroger sur des points de pratique, ou sur certains usages. Ce fut là un cas exceptionnel dans l'histoire des juifs du Moyen Âge.

La fin de sa vie

En 1096, les croisés attaquèrent les saintes communautés juives de Rhénanie. Nombre d'entre elles furent touchées, mais le massacre le plus féroce eut lieu à Mayence. Il est remarquable que malgré tous les efforts déployés par les spécialistes, on n'a pu trouver trace d'une réaction claire et nette de Rachi à ces événements. Alors qu'en 1171, Rabenou Tam proclama un jeûne pour tous les juifs de France à la suite de l'accusation de meurtre rituel de Blois dont les victimes furent bien moins nombreuses, Rachi semble s'être tu sur les massacres de son temps. Il est difficile de croire qu'il n'ait pas été mis au courant de ces événements tragiques alors qu'il était en correspondance suivie avec ses maîtres et ses collègues des communautés d'Outre-Rhin. Les textes qu'on a voulu rattacher à cet épisode sont très peu concluants : ils peuvent s'appliquer à n'importe quelle persécution, aux souffrances de l'exil, et rien n'y mentionne d'une manière spécifique les victimes de Worms, de Spire ou de Mayence. Nulle part dans l'enseignement transmis au nom de Rachi, on ne trouve trace d'une prière quelconque en souvenir de ces événements. Sans doute Rachi et sa génération n'eurent-ils pas le sentiment que les événements de 1096 constituaient un tournant de l'histoire juive. C'était un malheur qui prenait la suite des autres malheurs qui avaient frappé Israël. L'essentiel était que la vie ait repris très rapidement, que les *yechivot* aient rouvert leurs portes et que l'étude de la Torah n'y ait pas pris fin. La glorieuse tradition des trois communautés sœurs restait bien vivante. Il fallait savoir comprendre qu'Esaü — symbole du christianisme — dominait encore Jacob, et que le salut était encore lointain.

Vers la fin de sa vie, Rachi, très affaibli, dut garder la chambre. Il écrit à un de ses correspondants :

> « Moi l'humble signataire, je suis condamné aux tourments de la maladie. Je suis couché sur un lit de souffrance. Je serai donc bref, contrairement à mon usage. C'est que ma force s'est usée, et que je suis hors d'état d'écrire. J'ai dicté au fils de ma fille ces lignes, c'est lui qui les écrit à mon seigneur et maître Abraham fils de Meïr ha-Cohen. »

Ainsi donc Samuel ben Meïr avait été appelé par son grand-père à son chevet. Dans une autre circonstance, Rachi dicta sa réponse à un de ses amis, peut-être Chemaya.

Rachi mourut le 13 juillet 1105, très probablement à Troyes. Rien n'a été conservé de sa sépulture, et aucun pèlerinage n'est jamais venu l'honorer. C'est par son œuvre qu'il a survécu, et c'est elle qui a fait sa gloire.

CHAPITRE III

LE TROYES DE RACHI

Rachi se considérait comme un fils de la ville de Troyes où il était né, et où il est probablement mort. Il y rédigea la plus grande partie de son œuvre, et il serait bien étrange que celle-ci n'ait pas subi l'influence de l'environnement, bien qu'il soit difficile d'en retrouver les traces. Une bonne partie des écrits de Rachi vise à l'universel, aussi les références à des problèmes précis, à la réalité quotidienne, à ses joies comme à sa routine, y sont-elles rares, car telle fut la volonté arrêtée de l'auteur. Nous avons vu que, si les événements de la première croisade y apparaissent, ce n'est qu'en filigrane. Par ailleurs, les *responsa* envoyés par Rachi à ceux qui le questionnèrent décrivent surtout la situation des communautés d'où on s'était adressé à lui, car c'étaient leurs problèmes, et non ceux des juifs de Troyes, qui lui avaient été présentés. Sans doute lui a-t-on soumis nombre de difficultés locales pour qu'il les examine et rende sa sentence, mais vraisemblablement la plupart de ses réponses furent orales. Il faudra donc nous satisfaire de quelques consultations envoyées à Troyes, qui rapportent en détail la situation ayant provoqué la démarche, et les ordonnances locales édictées à cette occasion.

Bien que Troyes fût sans doute une ville importante

selon les critères de l'époque, il est impossible qu'elle ait pu compter beaucoup plus de trois ou quatre mille habitants. La communauté juive devait être constituée de quelques dizaines de familles, et il serait assez extraordinaire qu'elle ait dépassé une centaine d'âmes au milieu du XIe siècle.

Les relations entre juifs et chrétiens

De nombreux indices montrent que les relations entre les juifs et leurs voisins chrétiens étaient souvent amicales, et même familières. Les juifs employaient des domestiques chrétiens, hommes et femmes, dont certains étaient très au courant de leurs habitudes religieuses dans la fabrication du vin, ainsi que le remarque Rachi (à propos d'ailleurs d'un chrétien qui les ignorait !). Il raconte également qu'un chrétien lui avait envoyé, « selon l'usage de France », des œufs et des gâteaux le huitième jour de Pâque juive. Quel ne fut alors son embarras : sans doute les chrétiens avaient-ils l'habitude d'apporter à leurs amis juifs des gâteaux faits avec de la farine fermentée le lendemain ou même à l'issue de la fête quand leur consommation était devenue permise, mais dans le cas présent, le voisin s'était trompé de jour ! A Troyes, les juifs avaient coutume d'offrir des cadeaux à leurs domestiques chrétiens lors de la fête de Pourim. On rapporte également le cas d'un juif qui, après avoir loué ses bœufs à un chrétien pour les labours, s'était aperçu que ce dernier les faisait travailler le jour du *shabbat*, où, selon le quatrième commandement, les bêtes sont également astreintes au repos.

Il est souvent question de vin, car pour des raisons rituelles liées au souvenir des libations des cultes idolâtres, on était tenu d'éviter tout contact du vin avec les non-juifs. Cela suscitait quelques difficultés pratiques, puisque, comme le remarquait Rachi, le vin était alors conservé, non dans des amphores, mais dans des tonneaux dont il était possible à des mains malveillantes d'écarter les douves ! Il est d'ailleurs remarquable que Rachi ait fait preuve sur ce point d'une certaine souplesse puisqu'il prend soin de distinguer chrétiens et idolâtres. « Chez nous, explique-t-il, les chrétiens ne rendent pas le vin interdit grâce à des manœuvres idolâtres » (puisque le rite des libations a disparu) (*Responsa* nᵒˢ 168 et 327).

Il arriva qu'un jour un chrétien voulût, à la suite de quelque différend, prêter serment à Rachi sur des reliques. S'il acceptait un tel serment, Rachi ne semblerait-il pas accorder quelque créance au pouvoir des reliques ? Rachi se prêta néanmoins à la cérémonie pour cette fois. On apporta des reliques des saints, et le chrétien posa sur elles une pièce de monnaie « en signe de dévotion ». Rachi lui accorda un délai mais, par la suite, il préféra éviter de faire affaire avec lui sans un contrat en bonne et due forme, pour éviter le recours au serment. Il n'en reste pas moins qu'un tel serment était chose admise parmi les juifs de Troyes avant que Rachi n'ait décidé d'y mettre bon ordre (*Responsa* nᵒ 180).

Du point de vue juif, les conversions au christianisme ne pouvaient être que des apostasies ; lorsqu'il s'en produisait elles risquaient de compromettre les relations judéo-chrétiennes. Vers l'an mil, l'illustre Rabenou Guerchom avait été consulté au sujet d'un

cohen[1] de Troyes, qui s'était converti au christianisme
puis était revenu au judaïsme : fallait-il l'autoriser à
lire la Torah en premier selon l'usage ? Rabenou
Guerchom avait répondu qu'il fallait l'en empêcher,
puisque sa conversion avait apparemment été volon-
taire[2]. Ce cas de conversion ne fut pas le seul dans la
communauté de Troyes, mais à l'époque de Rachi, il
s'agit surtout de conversions forcées, dont on ne
connaît d'ailleurs pas les raisons ni les circonstances.
Rachi recommande une grande compréhension lorsqu'il s'agit de conversions non volontaires, et que les
convertis sont disposés à revenir au judaïsme (on cite le
cas d'un converti qui avait continué d'observer le
shabbat). Au contraire, Rachi s'élève vivement contre
les apostats qui jugent bon de faire étalage de leur
nouvelle religion en foulant aux pieds la précédente. Il
avoue cependant ne pas savoir comment se conduire
avec « ces convertis de force qui sont venus récem-
ment, car nous ne les connaissons pas et nous n'avons
pas constaté leur pénitence ». Pour Rachi, le converti
restait un juif en puissance, car « Israël pécheur reste
Israël », disent les sages : aussi considérait-il que la loi
juive continuait de s'appliquer à lui. Il interdisait donc
de lui prêter à intérêt, « car nous l'appelons frère », et
lui imposait de donner le *guet* (acte de répudiation) à sa
femme s'il voulait s'en séparer.

Les juifs de Troyes possédaient, nous l'avons vu, des
bœufs et des moutons. Certains avaient aussi des
chevaux, comme il ressort d'une question posée à
Rachi : est-il permis de les faire ferrer par un maré-

1. Descendant de la famille des prêtres du Temple de
Jérusalem.
2. C'est à cette occasion que Troyes est mentionnée pour la
première fois dans la littérature rabbinique.

chal-ferrant chrétien lors des fêtes intermédiaires ?
Rachi l'autorisa, dans le cas où le propriétaire du
cheval se trouvait dans l'urgente nécessité de prendre
la route. Par contre, il n'autorisait pas de recourir aux
services d'un blanchisseur ou d'un tailleur chrétien
pendant cette période, car il n'y avait pas d'urgence.
La possession de troupeaux de moutons ou de vaches
pouvait cependant placer les Juifs devant un cruel
embarras. En effet, selon la Torah, le premier né mâle
de la brebis ou de la vache doit être consacré à Dieu
dans le Temple de Jérusalem. Depuis la destruction de
celui-ci, il était devenu courant que le juif propriétaire
de l'animal qui allait mettre bas, conclue quelque
association avec un non-juif qui n'était pas tenu au
respect de la loi du premier né. Ce procédé lui
permettait alors de récupérer ensuite la bête. Mais que
fallait-il faire dans le cas où cette précaution avait été
prise trop tard, ou si elle n'avait pas été prise du tout ?
Le propriétaire défaillant ne pouvait ni faire abattre ni
utiliser l'animal sacré et n'avait donc plus qu'à attendre
qu'il meure, ou qu'un défaut physique le prive de son
caractère sacré. Il arrivait cependant que, par négli-
gence ou à la suite d'une méprise, l'animal soit abattu.
Rachi fut consulté plusieurs fois pour des problèmes de
ce genre, ce qui démontre bien l'importance de ces
élevages. Il répondit à un propriétaire inquiet qu'il
était interdit de se servir de la chair de l'animal abattu.
On procéda à l'enterrement de la bête en secret, partie
dans la maison du propriétaire, partie dans celle de
Rachi, afin de ne pas attirer l'attention des chrétiens
qui auraient risqué de voir là quelque cérémonie
magique !

L'approvisionnement en viande *cacher* posait de
difficiles problèmes dans la petite communauté de

Troyes. En effet, les bouchers chrétiens de la ville avaient coutume de planter un couteau dans le cœur de l'animal dans ses derniers soubresauts pour le vider de son sang. Par la même occasion, il leur arrivait de blesser ou d'arracher le poumon. Ils refusaient de mettre fin à cette pratique car ils craignaient de ne pouvoir vendre une viande de couleur ou de goût différent. En effet, certaines bêtes abattues rituellement par les juifs se révélaient ensuite impropres à la consommation rituelle. Les juifs cherchaient alors à les vendre par l'intermédiaire des bouchers chrétiens. Si l'acte reproché à ces derniers cessait d'être toléré, les juifs risquaient de ne plus jamais manger de viande. Rachi, qui était lui-même menacé par ce danger, ne voulut pas trancher. Il écrivit donc à Isaac ha-Lévi pour lui demander la solution du problème (*Responsa* nos 60 et 61).

Il a déjà été remarqué que les *responsa* de Rachi, contrairement à celles des rabbins des siècles suivants, traitent très peu de problèmes d'argent, et encore moins de prêts. Les prêts de juif à non-juif échappaient au cadre de la législation religieuse qui interdit l'usure. Rachi n'eut donc à traiter que de cas de prêts de juif à juif, puisqu'ils étaient les seuls où l'emprunteur pouvait être tenté d'invoquer l'interdiction de l'usure pour refuser de payer. Rachi interdit le prêt à intérêt direct mais admit des accommodements s'il y avait un intermédiaire, juif ou non. A Troyes et dans les environs, beaucoup de prêteurs ne s'embarrassaient pas de telles précautions. Rachi les mit en garde tout en recommandant cependant de ne pas avoir recours à une tierce personne juive ! La rareté de tels problèmes dans l'œu-

vre de Rachi peut donner à penser que la grande
période du commerce d'argent des Juifs n'a pas encore
commencé.

L'impôt

Une série d'ordonnances qu'avait recopiées Rachi
peut nous fournir quelques renseignements sur les
activités des juifs de Troyes. Elle mérite d'être rapportée dans son intégralité :

« Nous, les habitants de Troyes et les communautés
environnantes, avons ordonné par un serment, une
excommunication et un décret sévère à tous les hommes
et les femmes qui vivent ici ce qui suit :
Nul ne pourra se libérer du joug public, ni aujourd'hui,
ni demain, avec l'aide du comte ou celle des représentants des Juifs qui les font sortir et les distinguent de
l'assemblée d'Israël. S'il s'avère qu'il n'a pas payé
l'impôt avec ses frères, nous ordonnons qu'il payera
comme chacun d'eux et que sa charge ne sera pas
allégée. S'il doit payer au comte et si celui l'a séparé de
ses frères, à partir de ce jour il sera compté parmi eux, et
chacun d'eux payera selon son capital, selon ce que nous
les habitants de la ville avons décidé et ainsi qu'il a été
de coutume depuis son établissement.
Les anciens qui nous ont précédés nous ont transmis les
règles suivantes : chacun payera selon toute sa fortune,
exception faite de ses ustensiles, de ses maisons, de ses
vignes, de ses champs. Quant à l'argent des chrétiens
[prêté aux chrétiens] avec lequel il gagne son pain, il ne
payera que sur le capital. Cependant s'il a reçu un dépôt
de son prochain juif, il payera selon la valeur de la
moitié de ce dépôt dont il a la responsabilité légale. S'il a
des objets d'argent, des objets d'or, des bijoux de

femmes ou des bagues, il payera selon leur valeur. Si un juif détient un prêt dont il est entièrement responsable, telle une charité qui était une charité pendant une année avant de devenir un prêt, il payera sur le tout, mais pas pendant la première année.

Nous avons également entendu que tel était l'usage des anciens : au cas où un des habitants de la ville aurait fait sortir de l'argent de la ville, il devra payer sur le tout. Cependant s'il est venu résider ici, mais n'a pas encore fait venir son argent, il ne payera pas avant de l'avoir fait venir et d'avoir commencé à en faire commerce. S'il a déjà apporté son argent, mais qu'il soit resté déposé sans utilisation, il ne payera qu'à partir du moment où il y aura touché.

Dans le cas où des habitants d'ici auront fait un don à leurs fils et à leurs filles et l'auront fait sortir de la ville, aussi longtemps que les fils résideront dans la ville, ou s'ils la quittent provisoirement et que l'intention du père est de les y faire revenir, ils participeront à la dépense publique avec cet argent.

Dans le cas où l'un d'entre eux aura reçu des livres en gage pour un prêt gratuit accordé à son frère, il payera selon la valeur des livres » (*Responsa* n° 248).

Quelques décennies plus tard, Rabenou Tam, le petit-fils de Rachi, devait préciser que l'usage de payer l'impôt sur la moitié d'un prêt reçu d'un juif découlait d'une antique tradition. Par contre un juif ne payait pas d'impôt sur le prêt reçu d'un chrétien, « car mon grand-père Rabenou Salomon et les anciens de notre royaume l'ont institué ».

Les foires

Ces dispositions, qui sont presque aussi anciennes que la communauté de Troyes, ne mentionnent nullement les foires de Champagne, dont la grande réussite aurait, au dire de certains auteurs, attiré les juifs. Nous savons aujourd'hui que leur développement fut plus tardif, et que, si elles sont de nature à expliquer la multiplication des implantations des Tosaphistes par la suite, elles n'ont guère joué de rôle en ce qui concerne les juifs au XIe siècle. Les foires locales n'avaient aucune résonance internationale. Des marchands juifs y venaient en petit nombre. C'est ce que révèle la tragique aventure

« de nos frères les juifs de Reims qui vinrent à la foire de Troyes. L'ennemi acharné se précipita sur eux et les rompit. Les hommes généreux de Troyes se dévouèrent pour eux. On réclama pour leur libération trente livres. Les prisonniers en donnèrent la plus grande partie. Quant au reste, la communauté de Troyes se l'imposa ainsi que sur ses frères de Sens et d'Auxerre et les deux juifs de Chalons. Ils décidèrent de donner un sou par livre. Quant à ceux qui opposeraient un refus, il leur sera interdit, à eux et à leurs enfants, d'entrer dans la communauté d'Israël. Leur pain et leur vin seront interdits, et ils devront payer une amende de trente sous. Nul ne pourra lever cet interdit. Lorsque cet écrit parvint à Sens, les juifs s'y réunirent et levèrent l'interdit qui les frappait, en prétextant les grandes épreuves qui les avaient accablés, ainsi que leur appauvrissement. Ils dirent qu'ils n'étaient pas tenus d'accepter leurs décisions car ils n'habitaient pas leur ville. Ils n'étaient pour rien dans leurs difficultés. L'émissaire de

Troyes les avait trouvés dans une grande détresse à la suite de la destruction d'une église dans leur ville. Ils s'associèrent cependant avec eux et leur envoyèrent leur don ».

Ils avaient également mis la communauté de Troyes en demeure de les relever de l'interdit (*Responsa* des Tossaphistes, 1).

Ce texte remarquable n'a pu être écrit que par le premier Joseph Tob Elem (Bonfils) — il y a deux savants de ce nom — qui semble avoir été un contemporain plus jeune de Rabenou Guerchom. Il ne fait aucune allusion aux synodes intercommunautaires qui devaient plus tard se réunir à Troyes sous la direction de Rabenou Tam. Cela montre la faiblesse relative de la communauté de Troyes qui était cependant la principale communauté juive de Champagne. C'est elle qui assuma la responsabilité du sort des marchands, et non pas Reims, leur communauté d'origine, et c'est elle qui tenta, sans succès comme on l'a vu, d'imposer sa volonté aux communautés voisines. Il est vrai que le danger auquel étaient exposés les prisonniers lui avait fait un devoir d'agir rapidement.

L'organisation communautaire

Troyes était sans aucun doute une communauté organisée dans la deuxième moitié du XIᵉ siècle. Elle avait sa synagogue dans le quartier Saint-Frobert d'aujourd'hui. Rabenou Tam devait demander de l'exhausser après qu'un juif du lieu y eut construit une

maison plus haute qu'elle! La plupart des juifs
devaient résider à proximité. Nous connaissons le nom
d'un de leurs dirigeants, le Parnas Isaac. La communauté avait un *hazan* (un chantre) mais pas de rabbin,
pour la bonne raison que l'institution du rabbinat était
encore inconnue à cette époque. Rachi n'y joua aucun
rôle officiel, et s'il y exerça quelque influence, il le dut
plus à son ascendant personnel qu'à quelque poste
dont il n'avait que faire. Il est cependant possible que
la communauté de Troyes ait pu établir un tribunal
rabbinique *ad hoc*, qui se réunissait lorsqu'un problème particulier s'y posait. En effet, un *responsum* est
cosigné par Rachi et un certain Zerah ben Abraham,
qui signe en premier, mais nous est inconnu par
ailleurs.

Nous ne savons pas comment cette communauté a
réussi à se constituer. A-t-elle dû se battre contre les
pouvoirs de l'époque pour faire admettre son existence ? Ou bien celle-ci avait-elle été considérée comme
allant de soi ? Il est impossible de le savoir puisque les
documents font défaut. Une allusion quelque peu
sibylline peut faire penser que la communauté eut du
mal à faire admettre sa légitimité : en effet, Rachi
relate que la communauté tout entière dut se réunir
dans une caverne, autrement dit en secret, pour
prendre certaine décision (*Responsa* n° 231). Cette
recherche du secret n'est pas accidentelle, et il faut la
replacer dans le contexte d'une société féodale, où les
juifs trouvaient difficilement leur place. Ils ne pouvaient pas faire partie de son organisation ou prêter un
serment chrétien. Une seule fois, il est question d'un
feodum, d'un *peras*, qu'une juive réclamait au comte
pour en disposer « comme tous ceux qui reçoivent des
fiefs d'un comte ». Ce cas unique met en évidence

l'ambiguïté des relations juives avec la hiérarchie féodale (*Responsa* n° 240). Certains juifs pouvaient cependant trouver leur place dans l'entourage des seigneurs. Ce fut le cas « d'une femme qui vint trouver Rachi pour lui dire qu'elle devait suivre à cheval la comtesse » le jour même du jeûne d'Esther. Elle demanda si elle pouvait remettre le jeûne au lendemain, mais il ne l'y autorisa pas.

Le grand problème auquel était confrontée la communauté était celui de son autorité. Il est évident que les colons arrivés les premiers en Occident y avaient créé ce qu'on ne peut pas encore appeler des communautés, et avaient très normalement accumulé tous les pouvoirs dans leurs mains. Ceux qui les avaient suivis dépendaient d'eux et ne pouvaient que respecter leurs décisions, ainsi que les règlements ou les usages qu'ils avaient mis en place. La règle de l'unanimité était appliquée partout. Vu les difficultés ultérieures, on peut mettre en doute sa réalité dans une période aussi ancienne. Il faut cependant se souvenir que les communautés étaient très petites, qu'elles pouvaient même présenter un caractère familial, et qu'elles n'avaient pu se faire admettre qu'après une existence souterraine qui avait cimenté les liens entre leurs membres et facilité la prise de conscience d'intérêts communs. Il s'était également créé une véritable mythologie des *Kadmonim*, des anciens, qui avaient fondé la communauté, et lui avaient donné sa constitution : leur héritage méritait le respect.

Cependant la croissance progressive de la population juive allait compromettre cet état de choses. Le caractère familial de la communauté ne pouvait que s'atténuer, et les derniers venus n'étaient pas toujours en mesure de comprendre les règles qu'on voulait leur appliquer, surtout quand il s'agissait de verser leur part de l'impôt. Ils pouvaient également apporter avec eux l'expérience d'une communauté différente, dont ils voulaient continuer de s'inspirer. En outre, avec le temps, les fondateurs, les *Kadmonim*, n'inspiraient plus la même dévotion ni le même respect que par le passé. On devait très rapidement s'en rendre compte.

C'est ainsi que Joseph, fils de Samuel Bonfils déjà cité, écrivait au milieu du XIᵉ siècle aux habitants de Troyes

> « qui veulent faire rentrer l'impôt du roi et décrètent que chacun, homme ou femme, versera pour chaque livre ou sa contre-valeur en marchandise, un certain pourcentage ainsi qu'ils le jugeront bon et selon la nécessité. Léah possède plusieurs vignes et elle a été mise en demeure d'acquitter l'impôt sur ses vignes, leurs fruits et le produit de son travail, comme tout le monde. On avait estimé que les vignes représentent de l'argent, de même que les raisins que l'on peut vendre dès la vendange de sorte qu'ils correspondent ainsi au capital et à l'intérêt sur lesquels on acquitte l'impôt ».

Léah rejeta cette prétention, en arguant qu'une vigne qui exige de nombreux soins ne saurait être comparée à un capital. Quel investissement en travail exige un prêt sur gage ? Elle ajoutait également que les seigneurs du pays prélevaient chaque année leur part de raisin, et qu'il pouvait arriver que la vendange soit très mauvaise et qu'elle ne produise pratiquement rien, alors que

> « l'argent qui est prêté à intérêt est une bien meilleure affaire puisqu'il détient le gage alors que son capital

augmente : il trouve son pain sans peine et sans
fatigue... ».

Les arguments présentés de part et d'autre, de
même que la réponse de Joseph Bonfils montrent bien
qu'il s'agit d'une prétention nouvelle : jusqu'alors les
vignes n'étaient pas comprises dans l'assiette de
l'impôt, et peut-être en était-il de même de tous les
biens immobiliers. Il rejeta la demande des habitants
de Troyes qui risquait de ruiner Léah. Il confirma que
dans tout le royaume on ne payait pas l'impôt sur les
terres. Quand un usage est établi depuis les jours
d'antan, on ne peut le modifier qu'avec l'accord de
tous. Il recommandait de suivre

> « l'usage des communautés qui choisissent des hommes
> perspicaces [...] qui se réunissent, délibèrent et impo-
> sent à chacun son dû en équité, chacun selon son labeur,
> et ses efforts. Ils jugent leurs frères comme s'il s'agissait
> d'eux-mêmes... Il n'est pas justifié de réclamer pour
> une livre de marchandises la même chose que pour une
> livre de terre, car celle-ci est d'une valeur moindre. Les
> sages des communautés savent depuis longtemps que
> s'ils imposaient le même impôt aux terres, celles-ci
> disparaîtraient... ».

Une attitude aussi tranchée révèle sans doute une
profonde inquiétude : les juifs ne risquaient-ils pas
d'être exclus du travail de la terre, qu'ils s'y soient
livrés eux-mêmes, ou par l'intermédiaire d'un
métayer ? Il n'est pas possible d'affirmer que ce fut là le
souci majeur de Joseph Bonfils, qui se serait alors
révélé comme un observateur plus que perspicace des
changements profonds qui allaient modifier si radicale-
ment la condition des juifs de l'Europe chrétienne. Ce

qui est certain, c'est qu'il s'opposa à toute atteinte à la constitution de la communauté locale qui ne pouvait être liée que par ses règlements passés ou par des règlements nouveaux acceptés à l'unanimité (*Mordecai* BB 481, *Responsa Meïr de Rothenbourg*, Prague, n° 941).

Un problème chassant l'autre, Joseph Bonfils devait à nouveau être appelé à la rescousse par la communauté de « Tibériade », nom sous lequel se cache celle de Troyes, et qui avait été choisi pour faire sortir le *responsum* du cadre local et lui faire acquérir une valeur de précédent. Les habitants de Troyes n'arrivaient pas à se mettre d'accord sur la répartition de l'impôt dû au roi et s'accusaient les uns et les autres de manœuvres diverses dont le seul but était de diminuer leurs participations respectives. Pour trancher la question, ils avaient fait choix des hommes les plus réputés et les plus experts de la ville.

> « Ils décrétèrent à l'unanimité qu'ils verseraient aux dirigeants de la communauté les sommes pour lesquelles ils seraient imposés. Quiconque refusera sera excommunié aussi longtemps qu'il persistera dans son refus et payera une amende d'une livre. La communauté fut unanime à verser son impôt au jour fixé par crainte de Dieu et par peur du décret d'excommunication. »

Il n'y eut que deux défaillants qui se rendirent alors à « Sephoris » (Tsippori) — nom antique dans lequel nous aurions tendance à reconnaître l'Ile-de-France (*Tsarfat*) plutôt que la ville de Sens — où ils racontèrent cet événement. Ils y furent très bien reçus, logés et nourris. Ils y reprirent leur commerce et on les délia de l'interdit par un document écrit. Ils rentrèrent alors à

Troyes, très satisfaits d'eux-mêmes. Les gens de Troyes furieux projetèrent de demander au roi d'envoyer ses agents pour leur prendre de force les sommes dues. Ils se ravisèrent cependant et décidèrent de se renseigner sur la validité de l'excommunication qu'ils avaient proclamée, et sur celle de son abrogation par la communauté de « Sephoris ».

Joseph Bonfils, consulté sur cette affaire, fut catégorique : une communauté qui avait fait choix d'hommes de confiance, qui avait établi un règlement selon l'avis d'experts, et avait lancé une excommunication, ne pouvait accepter que ses décisions fussent remises en question. Aucune communauté, fût-elle même plus nombreuse et plus riche en hommes de science, n'est en droit de les renverser ou de les annuler, et ce d'autant que dans le cas présent le différend portait sur des problèmes d'argent. Les gens de Troyes avaient agi selon toutes les règles en élisant leurs hommes de confiance et en proclamant leur décret d'excommunication à l'unanimité. Si on autorisait une communauté à se mêler des affaires d'une autre qui avait agi en conformité avec les usages, ce serait l'anarchie. Tout un chacun pourrait être tenté de refuser le payement de l'impôt ou d'ignorer tous les règlements de sa communauté :

> « Aujourd'hui on ne peut contraindre les méchants que par la menace de l'excommunication ou l'amende. Quiconque les annule, multiplie les transgressions en Israël » (*Responsa de Meïr de Rothenbourg*, Lemberg, n° 423).

Ainsi donc l'impôt dû par la communauté à son maître — les termes « comte » ou « roi » sont interchangeables ici — aura-t-il donné l'occasion au sage consulté de rappeler le principe de l'autonomie de la communauté, non seulement parmi les chrétiens mais également par rapport aux juifs d'autres communautés. Ce principe fut également mis en évidence dans la réponse qu'il donna à une question posée au sujet de la rançon exigée pour les marchands de Reims capturés sur la route de Troyes. Pour Joseph Bonfils, Troyes n'avait aucune autorité sur Sens, Auxerre ou Châlons. Tout au plus pouvait-elle les rappeler très énergiquement à l'ordre en cas de conduite religieuse critiquable. La communauté était et devait rester souveraine dans tous les domaines qui n'étaient pas strictement religieux. Ainsi qu'on le verra, cette autonomie et cette souveraineté n'étaient pas confinées au seul domaine de l'impôt.

En effet, à la même époque, un peu avant 1050, la communauté de Troyes se trouve à nouveau plongée dans l'embarras. Elle consulta donc deux éminents rabbins de Rhénanie, Juda ben Meïr ha-Cohen et Eliezer ben Isaac. Les faits furent exposés comme suit :

« Ruben [3] se rendit à la synagogue et s'écria :
Ô sainte assemblée ! Une chrétienne qui sert dans la maison de Simon est venue hier chez moi, elle m'a insulté et conspué. Vous savez qu'elle a coutume de se conduire ainsi avec tous. La communauté tout entière répondit. Oui, il en est ainsi. Cette chrétienne s'est également mal conduite avec nous. L'un dit : Elle m'a battu avec un bâton. Un autre dit : Elle a traité ma femme de putain. Un autre dit : Elle m'a appelé

3. Ruben et Simon sont des prénoms traditionnels (comme Pierre et Paul) dans l'exposé des cas.

cornard. Ruben a donc demandé de décréter qu'elle ne pourra tirer aucun avantage d'un juif pendant six mois, car elle est coutumière du fait. Peut-être reviendra-t-elle à de meilleurs sentiments. »

Il prononça donc ce décret avec l'accord de la communauté. Simon seul n'y avait pas consenti. Il dit : « Je n'appliquerai jamais votre décret. Ce n'est pas un décret, puisque c'est mon ennemi qui l'a décrété. » La communauté eut beau répondre qu'il n'avait pas agi de sa seule initiative, rien n'y fit. Simon et quelques amis n'en firent qu'à leur tête et la communauté redouta de s'opposer à lui car il habitait près de la synagogue, et elle craignait qu'il n'en fît sortir les rouleaux de la Loi et les objets du culte, ce qui aurait empêché de célébrer l'office public.

> « Que nos maîtres nous fassent savoir si les habitants d'une ville ont le droit de lancer un décret contre une partie de leur communauté, de les contraindre, de les faire participer à l'élaboration d'un règlement, et de les empêcher de faire sécession. »

Chacun pourra-t-il se rendre indépendant de la communauté et n'en faire qu'à sa tête ? Les demandeurs ajoutaient :

> « Nous sommes une communauté peu nombreuse et les humbles parmi nous écoutent les grands. Ils n'ont jamais exprimé d'opposition à nos règlements et ils ont toujours été d'accord quand nous avons pris un décret. Devons-nous demander à chacun son accord ? Et si nous ne les interrogeons pas, leur silence constitue-t-il un acquiescement ? »

Les rabbins consultés devaient répondre que l'individu ne peut pas se séparer du groupe et prétendre ne pas avoir donné son accord. Le particulier s'efface parce qu'il est seul et « ceux qui sont nombreux sont autorisés à lui faire prêter serment, à décréter, à racheter, à confisquer et à prendre des mesures préventives ».

Le particulier ne saurait se séparer de la communauté, laquelle est souveraine pour la fixation de l'impôt et l'adoption des règlements qu'elle se destine. Une communauté ne saurait non plus se mêler des affaires d'une autre communauté, à moins qu'il ne s'agisse d'un rappel à l'ordre dans le domaine strictement religieux *(Kol Bo 142)*.

Les deux maîtres rhénans avaient donc réaffirmé l'indépendance des communautés, tout en insistant sur leur souveraineté. Parmi les moyens prévus pour les maintenir, il faut rappeler l'excommunication, l'amende et l'appel au pouvoir chrétien. Il est évident que les communautés réfléchissaient longuement avant de recourir à ce dernier, et tentaient de l'éviter autant que possible. L'arme majeure restait donc l'excommunication qui répandait la terreur, et montrait ainsi toute son efficacité. Rachi n'explique cependant pas comment elle était proclamée ni quels châtiments elle impliquait ; nous ne savons donc pas s'il est légitime de considérer que les modes de son application ultérieure existaient déjà au XIe siècle.

Pour Rachi, la communauté restait le cadre indispensable de la vie juive en une période où les déplacements se multipliaient et au cours de laquelle la population juive de Champagne commençait son ascension. Il semble avoir été un partisan résolu de son autonomie et il prit la défense de sa souveraineté. C'est ainsi qu'il proclama : « Il n'est rien qui puisse résister à la volonté de la communauté » (*Responsa* n° 247).

De son temps, Troyes était déjà une communauté solidement organisée et viscéralement attachée à ses usages anciens. Le principe de l'unanimité y régnait toujours, même quand elle considérait que les humbles devaient se rallier à l'avis des grands. Aux xiie et xiiie siècles, la communauté juive occidentale restera autonome, mais elle devra remplacer la règle de l'unanimité par celle du vote majoritaire. A la fin du xie siècle, les signes annonciateurs de cette évolution pouvaient déjà être décelés, mais le fonctionnement de la communauté et de ses institutions n'en était pas encore vraiment affecté.

CHAPITRE IV

LE COMMENTAIRE BIBLIQUE

L'œuvre écrite de Rachi est si vaste que l'on se demande où il trouva les ressources et le temps nécessaires pour la composer. Elle fut entièrement rédigée en hébreu, plus exactement en hébreu rabbinique dans la ville de Troyes. Très exigeant, Rachi n'en fut jamais entièrement satisfait, et voulut toujours reprendre son ouvrage.

Le plus grand des commentateurs de la Bible fut-il le premier ? Certes pas, car la Bible a toujours été commentée et la tradition juive fait de son étude un devoir essentiel. La coexistence de la loi écrite — la Bible — et de la loi orale — la Michna et le Talmud — a imposé un effort d'interprétation dont le but était de montrer leur unité essentielle. Il fallait également en faciliter la compréhension pour un public de fidèles dont la langue quotidienne n'était plus l'hébreu qui avait été très tôt supplanté par l'araméen. La traduction araméenne du Pentateuque attribuée au prosélyte Onkelos (IIe siècle) constitue déjà un commentaire dans la mesure où elle se sépare à l'occasion du texte pour en donner une paraphrase qui facilite la compréhension de ses obscurités. Elle révèle également des préoccupations théologiques : ainsi elle ne traduit pas littéralement les nombreux passages qui décrivent une activité divine, afin d'éviter les anthropomorphismes. Ce type de traduction se nomme *targum*. En règle générale, Onkelos reste attaché à l'explication grammaticale, mais il n'hésite pas à introduire dans sa traduction des passages poétiques des explications tirées de la littérature aggadique. Sa traduction fut bientôt acceptée comme la traduction araméenne autorisée du Pentateuque et fit même son entrée dans la liturgie, puisqu'elle y fut longtemps lue avec la péricope de la semaine. La traduction araméenne des Prophètes, attribuée à Jonathan ben Ouziel, un élève d'Hillel (r^{er} siècle), est aussi une paraphrase ; il est évident que le traducteur a également voulu être un commentateur.

Une autre traduction devait s'imposer dans les seuls pays arabophones : la traduction arabe de la Bible de Saadia Gaon (IXe siècle). Ici aussi la traduction est devenue commentaire, puisque Saadia y introduit ses préoccupations philosophiques ou des éléments de sa polémique contre les Karaïtes[1]. Sa traduction devait jouir d'une telle autorité dans les communautés orientales qu'elle entra dans la liturgie du *shabbat* et des fêtes.

Telles sont les seules traductions qui obtinrent la consécration. Par la suite on s'orienta plutôt vers le commentaire exégétique. Les principes directeurs en étaient le *pechat* et le *derach*. Le *pechat* est la recherche du sens littéral du texte, recherche qui a pour auxiliaires la grammaire, la lexicographie et la logique. Le *derach*, au contraire, s'efforce de plier le texte à une idée, en y introduisant les apports du *Midrach*, sa vision du monde et sa conception du judaïsme.

1. Les tenants de cette hérésie n'admettaient pas le texte écrit de la Bible (*mikra*) et niaient la validité de la loi orale, ils interprétaient donc la Bible en dehors de toute référence à la tradition du judaïsme rabbanite.

Tout commentaire de la Bible répond à un besoin. L'ignorance est sans doute dangereuse, mais elle ne l'est jamais autant qu'en période de crise. Il est évident que Saadia commenta la Bible autant qu'il la traduisit, parce qu'il redoutait l'influence karaïte, le risque était grand de faire de la Bible le prétexte d'une dissertation philosophique. Saadia échappa à ce reproche, en raison de son autorité personnelle et de son profond attachement au judaïsme rabbanite, dont il fut un des principaux défenseurs.

En Espagne, l'interprétation philologique fut dominante, car on y suivait les travaux des grammairiens arabes. L'œuvre des commentateurs espagnols nous est parvenue plus sous la forme de dictionnaires ou de grammaires que sous celle d'un commentaire suivi C'est ainsi que Menahem ibn Saruk y composa un dictionnaire de l'hébreu biblique intitulé *Mahberet Menahem* (« Le Cahier de Menahem »), qui fut abondamment critiqué par le grammairien Dounach ibn Labrat. Ces ouvrages n'étaient pas ignorés au nord des Pyrénées.

Le premier grand commentateur européen de la Bible qui nous soit connu est Moïse ha-Darchan (le Commentateur) de Narbonne, qui fleurit pendant la première moitié du XIᵉ siècle. Son ouvrage majeur qui semble avoir été remanié par la suite, le *Berechit Rabba* (« Le grand livre de la Genèse »), rassemble un grand nombre de *midrachim*. De ses commentaires introduits en France du Nord par son fils, il ne subsiste que des épaves.

Rachi connaissait assurément les traductions araméennes de la Bible, ainsi que les travaux des philologues espagnols et ceux de Moïse ha-Darchan. Il avait également pu constater qu'à Worms et à Mayence certains des maîtres locaux ne dédaignaient pas les études bibliques et proposaient de nouvelles exégèses mais il ne semble pas qu'ils aient écrit de commentaires suivis de la Bible. Il est d'autant plus remarquable que Rachi en ait entrepris un.

Rachi a très probablement commenté la Bible entière, encore que les commentaires sur les livres d'Ezra et de Néhémie, des Chroniques et de Job qui lui sont attribués dans les éditions courantes ne semblent pas avoir été rédigés par lui, mais par ses élèves. Il est possible d'y reconnaître son influence qui fut considérable puisque ceux-ci rapportèrent en général son enseignement avec une grande fidélité. Un effort aussi soutenu avait dû l'amener à élaborer une méthode, mais il n'eut pas l'occasion, ou le désir, de l'exprimer de manière organique. Contrairement à nombre de commentateurs médiévaux de la Bible, il n'a pas fait précéder ses écrits d'une introduction méthodique. Tout au plus en a-t-il rédigé une, fort brève, pour son commentaire du Cantique des Cantiques. Il explique ainsi sa méthode :

> « " Une fois Dieu l'a énoncé, deux fois je l'ai entendu " (Ps 62,12). Un verset peut être expliqué de diverses manières, mais en fin de compte il n'échappe pas à son sens obvie. Les Prophètes ont sans doute utilisé des images, mais il faut les expliquer sous tous leurs sens et dans leur ordre, de même que les versets se suivent dans l'ordre. J'ai examiné plusieurs midrachim relatifs à ce livre. Il y en a qui expliquent ce livre en un seul Midrach. Il y en a qui sont dispersés dans plusieurs livres d'Aggada à propos de versets épars. Ils ne s'harmonisent pas avec le texte et l'ordre des versets. J'ai donc résolu d'appréhender le sens des versets, et d'en établir le commentaire selon leur ordre et les

Midrachim auxquels nos maîtres ont fixé, Midrach par Midrach, leur place véritable.

Je dis que le Roi Salomon a perçu grâce à l'inspiration divine qu'Israël serait condamné à des exils successifs, et à des catastrophes consécutives. Ils pleureront dans cet exil leur gloire ancienne et ils se souviendront de l'amour d'antan, lorsqu'ils étaient un trésor parmi les peuples, en disant : " Je vais retourner chez mon premier mari, car j'étais plus heureuse jadis qu'aujourd'hui. " (Os 2, 9). Ils rappelleront ses faveurs, leurs mauvaises actions, et les bontés qu'il leur a destinées pour la fin des temps. Il a rédigé ce livre sous l'inspiration divine, dans le langage d'une femme vouée au veuvage perpétuel qui se languit après son mari, désire rejoindre son bien-aimé et rappelle son amour de jeunesse pour lui. Son bien-aimé prend également part à sa détresse, et lui rappelle les grâces de sa jeunesse, sa beauté et sa réussite, grâce auxquelles il s'est attaché à elle dans un ardent amour, pour proclamer que ce n'est pas de bon cœur qu'il l'a punie (*Lam* 3, 33), et que sa répudiation n'est pas définitive. Elle est encore sa femme et il est encore son époux. »

Dans ce texte remarquable, Rachi indique les principes qui ont présidé à la rédaction de ses commentaires, et non pas seulement à celui du Cantique des Cantiques. Il les rappellera tout au long de son œuvre exégétique. Déjà au début de son commentaire de la Genèse (3, 8) à propos du verset rapportant qu'Adam et Eve entendaient la voix de Dieu dans le jardin, et qu'ils allèrent se cacher, il remarque :

« Il y a de nombreux midrachim d'Aggada, et nos maîtres les ont déjà disposés à leur place dans Berechit Rabba et d'autres midrachim, mais moi [Rachi] je ne vise que le sens littéral du verset et l'Aggada qui établit

les paroles du verset, comme une parole prononcée à
propos » *(Pr 25, 11)*.

Les principes sont donc bien établis, même s'ils
réclament quelques précisions. Le terme *midrach* ne
signifie-t-il pas recherche ? Il faut en effet solliciter les
textes pour en établir le sens véritable. A l'origine le
Midrach s'efforçait d'établir la loi, la *halakha,* en
interrogeant le texte biblique. Une telle démarche
devait provoquer l'apparition des *Midraché-Halakha,*
dont les plus connus sont la *Mekhilta* sur le livre de
l'Exode, le *Sifra* sur le Lévitique, et les *Sifré* sur les
Nombres et le Deutéronome. Par la suite s'est formée
la littérature des *Midraché-Aggada,* dont le but n'est
plus de cerner la loi, mais de raconter des histoires,
d'exprimer des croyances et des règles de conduite
morale, de multiplier les consolations et de préparer au
monde à venir. L'*aggada* qui trouve sa source dans les
parties historiques et morales de la Bible se présente
souvent sous la forme de sermons prononcés dans la
synagogue pour le plaisir et l'édification des fidèles. Ne
dit-on pas que « le délice des humains, ce sont les
Aggadot qui sont le délice de l'Écriture ». Pour
reprendre une expression de Zunz, tout ce que l'imagi-
nation peut imaginer se trouve dans l'*aggada,* sauf la
dérision et la frivolité.

Les principaux recueils de *Midraché-Aggada* sont le
Midrach Rabba, qui comprend un recueil pour chaque
livre du Pentateuque, et des recueils supplémentaires
pour le livre d'Esther, le Cantique des Cantiques,
Ruth, l'Ecclésiaste et les Lamentations, autrement dit
pour chacun des cinq rouleaux qui étaient lus en public
certains jours de l'année. Il faut y ajouter le *Midrach
Tanhouma* sur le Pentateuque, souvent appelé *Midrach*

Yelamdenou, parce que nombre de passages commencent avec la phrase *Yelamdenou Rabbenou :* « que notre maître nous enseigne » — et quelques *midrachim* consacrés à d'autres livres de la Bible. Il ne faut pas non plus oublier des *midrachim* qui ne sont pas directement rattachés au texte sacré, tels la *Pesikta* ou les *Pirké de Rabbi Eliezer.*

Ainsi donc le but essentiel de Rachi est de rechercher le sens littéral des versets (le *pechat*) (Ex 33, 13) sans se plier aux fantaisies du *Midrach* si celles-ci s'en éloignent, ce qui ne signifie nullement que Rachi en nie la validité. Le *derach* trouve sa justification dans le verset de Jérémie 23, 29 : « Est-ce que ma parole ne ressemble pas au feu, dit l'Eternel, et au marteau qui fait voler en éclats le rocher ? » Parmi les étincelles que produit le feu de la parole divine, le *derach* peut prendre sa place en toute légitimité.

Le commentaire de Rachi ne recourt à l'*aggada* que si elle s'harmonise avec le *pechat* et permet de rétablir la continuité du récit biblique en le parachevant. Rachi constate qu'il existe des versets très laconiques, renfermant des allusions (Gn 4, 15). Dans ce cas le recours au *Midrach* sera justifié, et même recommandé. Ainsi, le premier verset du chapitre 2 de l'Exode, « Un homme de la maison de Lévi alla prendre une fille de Lévi », annonce la naissance de Moïse, sans tenir compte de ses aînés, Aaron et Myriam, qui n'apparaîtront que par la suite. Pour expliquer cette omission, Rachi recourt au *Midrach* : les parents qui s'étaient séparés lors de la persécution ordonnée par Pharaon ont décidé de contracter une nouvelle union, ce qui dispense l'Écriture de rappeler la première.

Quelquefois l'appel au *derach* est imposé par une difficulté du texte. C'est ainsi qu'il nous est dit à propos du veau d'or : « Il prit [l'or] de leurs mains, il le jeta dans un moule et en fit un veau de métal ; et ils dirent : Voici tes dieux, ô Israël, qui t'ont fait sortir du pays d'Égypte. » Ce verset comporte deux difficultés : le passage du singulier au pluriel, et l'expression « tes dieux », là où l'on attendait « nos dieux ». Rachi commente alors à partir du *Midrach :*

> « Il n'est pas écrit " Voici nos dieux ". On peut donc en déduire qu'une grande populace qui avait quitté l'Égypte s'était réunie contre Aaron. Ce sont ces gens qui ont fabriqué le veau d'or, et ont invité insidieusement Israël à le suivre. »

Les difficultés du texte ont donc disparu, et l'explication proposée aura eu l'avantage supplémentaire d'avoir attribué l'initiative de cet acte d'idolâtrie à des païens.

Vers la fin de sa vie, Rachi devait confier à son petit-fils Samuel ben Meïr, le Rachbam, qu'il n'était pas entièrement satisfait de son œuvre et se reprochait de n'avoir pas suivi le *pechat* de plus près :

> « Rabenou Salomon, le père de ma mère, qui a éclairé les yeux de l'exil et qui a commenté le Pentateuque, les Prophètes et les Hagiographes, s'est donné pour but d'expliquer le sens littéral de l'Écriture. Moi, Samuel fils de Meïr son gendre de mémoire bénie, j'en ai discuté avec lui et devant lui et il m'a avoué que s'il en avait eu le loisir, il aurait dû composer d'autres commentaires selon les explications littérales qui surgissent chaque jour. »

Pour Rachi, comme pour tous ses contemporains, il n'y avait, il ne pouvait y avoir de solution de continuité entre le monde de la Bible et celui des Sages. Le rôle du commentateur était entre autres d'en rétablir la cohésion là où elle n'était pas apparente, quitte à recourir aux avis des Rabbins. C'est ainsi que leur fameux adage : « Il n'y a pas d'ordre chronologique dans l'Écriture », permettait de rétablir des séquences dont la rupture faisait problème.

Quelle est l'originalité du commentaire « midrachique » de Rachi ? Se serait-il donc contenté de boucher des trous en ayant recours au premier *midrach* venu ? Une telle appréciation de son œuvre ne tient pas compte du fait que chaque explication retenue par Rachi résulte d'un choix. Disposant d'un nombre important de *midrachim,* dont certains ont disparu et ne nous sont connus que par son œuvre, il a dû faire une sélection parmi eux. Pour mieux comprendre le travail opéré par Rachi, il faudrait disposer de tout l'éventail des commentaires anciens et les comparer. Le nombre important de manuscrits auxquels accède Rachi souligne la richesse de la bibliothèque de Troyes.

Pour les questions de *halakha,* l'inspirateur principal de Rachi reste le Talmud dont la décision est souveraine. Cependant Rachi ne se borne pas à dresser le catalogue des décisions rabbiniques au fil des versets de la Torah. Soucieux de montrer qu'il n'y a pas de césure entre la Torah écrite et la Torah orale, il est toujours à la recherche du mot, de l'accent, de la tournure qui permettront de trouver dans le texte même de l'Écriture la raison logique de leur union. Tel semble bien avoir été l'objectif essentiel de Rachi commentateur.

Pour y parvenir, il dut faire appel à toutes les ressources de la grammaire et de la philologie connues de son temps. Il se servit des œuvres des grammairiens espagnols, mais n'hésita pas, le cas échéant, à les contredire. Il tenait à être compris, et c'est ce souci qui l'incita à inclure dans son commentaire biblique mille trois cents mots étrangers, les *laazim* [2], presque tous en vieux français.

Faut-il leur attribuer une valeur de commentaire, ou s'agit-il d'une simple traduction ? Le débat ouvert à ce sujet n'est pas encore clos. Du moins leur existence atteste-t-elle que Rachi ne vivait pas dans une tour d'ivoire. Il connaissait la réalité quotidienne de son époque et trouvait dans la langue française les mots les plus appropriés pour traduire sa pensée. Il n'hésitait pas non plus à se servir de croquis pour expliquer quelque texte particulièrement ardu. Ceux-ci n'ont malheureusement pas été conservés par les copistes défaillants.

Pour Rachi, le commentaire de la Torah n'était pas un prétexte à discussions philosophiques (celles-ci ne comptaient guère à cette époque parmi les préoccupations des juifs de Rhénanie et du nord de la France). Il n'est pas non plus influencé par les doctrines des piétistes juifs allemands qui furent à l'origine du mouvement des *hassidim* d'Ashkenaz. Son monde intellectuel demeure très éloigné de celui qui se développait alors en Espagne. La diffusion de son commentaire fut très rapide car il resta à l'écart des courants rivaux. Toutes les communautés de la Diaspora l'adoptèrent sans hésitation et il devint ainsi le livre de base des études sacrées.

Un tel succès mérite réflexion. Quelles sont les

2. Cette dénomination est empruntée au verset du Psaume 114,1.

qualités qui l'imposèrent, aux dépens de commentaires concurrents de valeur ? Comme toutes les œuvres de génie, celle-ci échappe à la définition. Tout au plus peut-on dire que Rachi a fait preuve d'une connaissance prodigieuse des sources de la littérature rabbinique : certes le Talmud tenait pour lui le premier rang, mais il n'ignorait aucun *midrach* et il faisait le plus grand usage de la paraphrase araméenne d'Onkelos. Il savait le français, ce qui n'était pas le moindre hommage que pouvait rendre à cette langue le représentant d'un peuple attaché à l'étude. Il sut aussi écrire. Son style frappe par sa clarté et sa concision. Chaque mot, chaque question sont lourds de sens, aussi les générations futures, jusqu'à aujourd'hui, n'ont-elles jamais cessé de commenter son commentaire pour mieux en révéler la profondeur. Faut-il s'étonner qu'il ait suscité des centaines de sur-commentaires ? La liste n'en est pas close puisqu'on continue à en écrire de nos jours ! A ces qualités, il faut ajouter le sens pédagogique de Rachi : c'est un maître qui sait toujours quoi expliquer, sur quoi s'étendre ou passer plus rapidement, et quand recourir au *midrach* si le *pechat* risque de paraître un peu sec. Sa simplicité apparente a provoqué des lectures à différents niveaux : certains lisent Rachi presque comme une paraphrase du texte biblique, alors que d'autres y découvrent une interpellation constante, qui les contraint à approfondir leurs recherches. Rabenou Tam, le petit-fils de Rachi, confessait ainsi son admiration devant cette œuvre : « J'aurais pu tenter d'écrire un commentaire du Talmud comme mon grand-père l'a fait, mais non pas un commentaire de la Bible comme lui, car je ne saurais le faire ! »

Le commentaire de Rachi sur le Pentateuque, plus

populaire que celui des Prophètes et des Hagiographes, connut une consécration totale et presque la canonisation. Il n'est donc pas étonnant qu'il ait été le premier livre hébraïque imprimé (Riva di Trento, 1475) et qu'il ait connu des centaines de rééditions. La loi juive fait un devoir à chaque fidèle de lire chaque semaine la lecture sabbatique par deux fois et d'y ajouter celle du Targoum d'Onkelos, mais au xvie siècle, l'auteur du *Choulhan Aroukh* soutenait que la lecture du commentaire de Rachi pouvait remplacer celle du Targoum !

Sa renommée devait rapidement déborder les limites de la France. Il était connu en Espagne dès le milieu du xiie siècle, et il semble bien que ce soit Abraham ibn Ezra qui lui ait alors donné le surnom de Parchandata, pris au sens de commentateur par excellence de la Loi, en faisant un jeu de mots sur le nom d'un des fils d'Haman. Dans la seconde moitié du siècle, il était déjà étudié en Grèce. Au milieu du xive siècle, il est cité en Perse. Bientôt il sera connu des communautés juives les plus éloignées.

Ses élèves, Chemaya et Joseph Qara, qui furent les premiers à le commenter, eurent des imitateurs tout au long des siècles en France, en Bohême, en Allemagne, en Grèce et dans les Balkans, aux Indes, en Italie, en Afrique du Nord, en Espagne et au Yémen. Les plus connus de ces interprètes sont Élie Mizrahi qui vécut à Constantinople au début du xvie siècle — son *Sefer ha-Mizrahi* fut publié à Venise en 1527 — et Chabtaï Bass qui vécut en Europe Orientale, publia son *Sifré Hakhamim* à Amsterdam en 1680.

Au cours des siècles une pédagogie informelle vit le jour dans les communautés d'Israël. Elle provoqua la création d'une expression nouvelle : *Houmach Rachi,* le Pentateuque avec le commentaire de Rachi. Les deux sont devenus inséparables. Dans l'histoire millénaire du judaïsme, seul Rachi obtint cette consécration.

CHAPITRE V

LE COMMENTAIRE DU TALMUD

Le Talmud et ses commentaires avant Rachi

Le judaïsme rabbinique est un bâtiment à trois étages. A la Bible, il a ajouté la Michna et le Talmud. Sans doute ces deux derniers ne sont-ils pas les égaux de la Bible : ni la Michna ni le Talmud ne peuvent la contredire. Ensemble, ils ont valeur contraignante : le vrai croyant doit accepter leur autorité et rechercher leur harmonie intrinsèque. Loi écrite et Loi orale ne sauraient donc être séparées : elles sont une et ce serait faire preuve d'hérésie que de vouloir les dissocier. Cette conception n'est pas celle de sectes juives comme les Karaïtes qui refusent toute autorité à la Loi orale.

La Michna se contente de dire la loi sans entrer dans les détails. Le Talmud, lui, examine et explique la Michna. Ce rôle est souligné par Maïmonide dans l'introduction à son commentaire de la Michna : « S'il t'arrive d'interroger le plus grand maître pour connaître l'interprétation d'une loi mentionnée dans la Michna, il ne pourra te répondre que s'il se souvient par cœur de ce que dit le Talmud. » Ainsi donc l'étude de la Michna exige celle du Talmud qui en vint à occuper le premier rang. Des deux Talmuds, celui de Jérusalem (fin IVe siècle) et celui de Babylone (fin ve siècle), seul le second est commenté dans les écoles de la Diaspora. Quant au Talmud de Jérusalem, qui reste relégué au deuxième plan, nous ne savons sous quelle forme, ni même à quelle date il a été connu en Occident.

Le Talmud de Babylone est rédigé en hébreu rabbinique et en araméen, langue parlée en Babylonie avant d'être supplantée par l'arabe. Aussi longtemps que l'araméen resta une langue parlée (jusque vers l'an mil), les juifs de Mésopotamie n'eurent pas besoin d'un commentaire du Talmud. Vers la fin de la période des *Gueonim,* les institutions de la vie courante n'avaient pas beaucoup changé dans une société que caractérisait surtout sa stabilité, et nombre de *realia* décrits dans le Talmud avaient des parallèles dans la vie quotidienne. Tout au plus fallait-il expliquer à l'occasion un terme difficile ou d'origine étrangère, ou quelque expression dont le sens s'était perdu au cours des siècles. Après la diffusion de l'arabe, en Mésopotamie comme dans tous les pays passés sous la domination musulmane, l'interprétation du Talmud se conserva dans les écoles talmudiques de Soura et Poumbedita, toujours transmise oralement : on l'apprenait par cœur. Les quelques rares commentaires d'avant le xe siècle qui nous soient parvenus — d'ailleurs partiellement — sont en fait des listes de mots difficiles ou de brèves indications à propos de passages particulièrement obscurs. Selon un récit légendaire, les juifs d'Espagne, de même qu'ils avaient réclamé aux maîtres de Babylone un rituel de prières, leur auraient également demandé un commentaire du Talmud ! A partir du xe siècle, des commentaires plus nourris apparaissent, dont un seul a été intégralement conservé : le commentaire des *Gueonim* du traité *Toharot.* La Babylonie arrivait encore à se suffire à elle-même à cette époque.

Entre-temps de nouveaux centres s'étaient formés loin de Babylone. Des écoles s'étaient ouvertes en Afrique du Nord, notamment à Kairouan où apparurent les commentaires de Rabenou Hananel ben Houchiel, rédigés en hébreu et en araméen, sur la plus grande partie du Talmud et celui de Nissim bar Yaakov, rédigé en arabe, sur quelques traités épars. Le premier de ces commentaires eut son heure de gloire jusqu'au XIVe siècle, avant de disparaître pour être redécouvert à l'époque moderne. Quelles qu'aient pu être leur importance et leur pertinence, aucun de ces commentaires n'arriva véritablement à la consécration. Il est remarquable que ce soit précisément un commentaire écrit en Europe, loin des grands centres du judaïsme d'Orient, qui ait fait l'unanimité autour de lui.

Les études talmudiques en Rhénanie

Sans aucun doute existait-il en Europe et surtout en Rhénanie une tradition orale d'enseignement talmudique. C'est très probablement dans les écoles de Mayence et de Worms qu'on commença à la mettre par écrit. Elle nous est parvenue sous la forme du *Kountras Magentsa*, dont il a déjà été question. Rabenou Guerchom et ses collègues n'ont pas découvert, tels des archéologues, des textes dont ils se sont évertués à redécouvrir le sens perdu. Chaque manuscrit du Talmud était accompagné d'explications et commentaires transmis oralement.

Dans les cités rhénanes, les élèves avaient, semble-t-il, pris l'habitude de noter sur leurs tablettes ou dans leurs cahiers les points importants de l'enseignement de leur maître. Ces recueils, ou *kountrassim* (cahiers), contenaient bien entendu les explications, les critiques et les additions de ces maîtres qui visaient à affiner et préciser le commentaire. Il y a tout lieu de penser que ces remarques étaient précédées des mots du texte qui devaient être expliqués, ou des deux ou trois mots sur lesquels s'ouvrait le passage à clarifier.

L'apport de Rachi

L'existence de cette tradition exégétique nous oblige ici encore à poser la question de l'originalité de Rachi : est-il un compilateur de génie ou un créateur ? L'état de nos connaisances et celui des textes ne permettent pas toujours de donner une réponse tranchée. Il arrive que Rachi indique lui-même qu'il n'est pas d'accord avec telle explication et qu'il en propose une autre. Est-ce à dire qu'il n'a pas introduit plus discrètement d'autres explications dont il était l'auteur ? Quoi qu'il en soit, son commentaire représente l'œuvre de nombreuses générations de talmudistes et son apport propre n'a pu être extrêmement important. Son nom reste cependant attaché à son commentaire pour des raisons qui ne sont pas seulement de commodité.

Avant Rachi, certains talmudistes avaient écrit des commentaires — peut-être seulement une suite de notes — sur tel ou tel traité du Talmud, mais il ne semble pas qu'ils aient conçu le projet d'un grand commentaire rassemblant la tradition orale sur le Talmud. Rachi ne s'est jamais expliqué sur les raisons qui l'ont poussé à entreprendre ce grand dessein et nous en sommes réduits à des hypothèses, dont le seul mérite sera de reposer sur l'analyse de ses écrits.

L'examen du commentaire de Rachi, qui fut souvent appelé le *Kountras* par excellence, permet d'affirmer que son auteur visait un public aussi large que possible. Ici aussi Rachi n'hésite pas à se servir de *laazim,* de traductions françaises, pour mieux faire comprendre le texte du Talmud. Il veut en rester aussi proche que possible et se sert de la langue et de la terminologie talmudiques dans son commentaire. Il fait disparaître les aspérités du texte pour le rendre plus compréhensible à ses élèves : c'est pour eux qu'il écrit. Son commentaire n'est pas un pur exercice intellectuel pour son auteur ; il ne perd jamais de vue son lecteur.

La rédaction du commentaire

Rachi a fourni un effort de rédaction considérable. Son exigence envers lui-même ne le laissait jamais vraiment satisfait. On a relevé des contradictions vraies ou imaginaires entre divers commentaires de Rachi et on en a attribué la responsabilité aux différents stades de la rédaction du texte : tel raisonnement daterait de sa jeunesse et tel autre, qui représente un aspect plus mûr de sa pensée, aurait été rédigé dans ses vieux jours. Il n'a cependant jamais été possible de cerner ces différents états de la pensée de Rachi, et d'en retrouver les versions correspondantes. En l'absence d'une preuve formelle, il serait donc aventureux de préjuger de leur existence. En revanche, il est certain que Rachi a constamment repris son texte pour l'améliorer.

Cette œuvre monumentale ne fut jamais achevée : au verso du feuillet 19 du traité *Makkot* on peut lire : « Notre maître — son corps est pur et son âme l'a

quitté en pureté — n'a pas commenté plus loin. A
partir d'ici on trouvera les dits de son élève Juda ben
Nathan. » Nous lisons également au recto du feuillet
29 du traité *Baba Batra :* « Jusqu'ici c'était le commentaire de Salomon, que le souvenir des sages soit
une bénédiction. A partir d'ici, commence le commentaire de Rabenou Samuel ben Meïr », autrement dit du
petit-fils de Rachi. Une édition ancienne du Talmud ne
comporte pas cette indication, mais dit très simplement : « Ici mourut Rachi, que son souvenir soit une
bénédiction ! » Il est d'autres traités qu'il n'eut pas le
temps de commenter : *Taanit, Nedarim, Nazir* — les
commentaires dont les éditions courantes lui attribuent
la paternité sont en fait des productions de l'école de
Mayence. Quant au traité *Moed Katan,* on vient
seulement de retrouver le commentaire authentique de
Rachi. Il n'est d'ailleurs pas exclu que Rachi ait
commenté tous ces textes devant ses élèves, mais qu'il
n'ait pu donner une forme définitive à son travail.
D'où la nécessité de recourir à d'autres commentaires
originaires de l'école rhénane, ou inspirés de son
enseignement.

L'établissement du texte

Rachi s'était rendu à Mayence et à Worms, afin d'y
consulter les manuscrits du Talmud qui s'y étaient
accumulés au cours des années (notamment ceux qui
avaient été copiés par Rabenou Guerchom lui-même ou
qui provenaient de son école) et d'établir un texte aussi
correct que possible. Il suggéra des corrections en
s'appuyant sur les renseignements accumulés ainsi que
ses propres remarques mais ne toucha pas au corps du

texte. A plus d'une reprise apparaît dans son commentaire l'expression « *Hakhi Garsinan* » : « Nous devons lire ainsi », ce qui revient à dire que la leçon du manuscrit est fautive, et qu'il faut lui substituer celle qui est introduite par ces deux mots. La prudence dont il fit preuve dans l'établissement du texte était dictée par la légèreté avec laquelle s'étaient conduits certains de ses contemporains. Son petit-fils Rabenou Tam, constatant que nombre d'« experts » n'en faisaient qu'à leur guise, dut les rappeler à l'ordre en précisant les règles qui devaient présider à une opération aussi délicate.

L'étudiant moderne du Talmud est quelquefois étonné de constater que la leçon recommandée par Rachi est celle qui se trouve dans le texte talmudique lui-même ! C'est que les lecteurs et les imprimeurs ont été tellement convaincus de la pertinence des observations de Rachi qu'ils n'ont pas hésité à les introduire dans le texte, tout en maintenant telle quelle la note de Rachi. Grâce à lui nous disposons ainsi d'un bon texte du Talmud. D'autres talmudistes poursuivront cet effort par la suite, mais le texte de base de l'étude talmudique reste celui de Rachi.

La méthode

La méthode de Rachi a fait l'objet de nombreux essais de définition. Elle leur a toujours résisté par sa simplicité et sa limpidité. Les remarques qui ont pu être faites ne touchent pas au fond du problème. On a ainsi relevé la propension de Rachi à se servir du langage talmudique pour expliquer le texte : il n'a pas créé son propre vocabulaire et n'a pas souhaité se servir d'une terminologie qui ne fût pas celle du Talmud. Ce procédé, peut-être conscient, a eu pour effet de transformer son commentaire en une partie intégrante d'un texte dont il refuse de s'éloigner. On a également remarqué que contrairement à d'autres talmudistes, il a justifié l'émendation du texte par un appel à la logique ou par la leçon d'un autre manuscrit ; mais dans ce dernier cas elle doit toujours être confortée par un recours au raisonnement.

Rachi a certainement utilisé de nombreux textes réunis dans des *kountrassim* divers, mais son commentaire donne le sentiment de l'homogénéité. La limpidité du style fait qu'on est bien en peine d'y distinguer les apports extérieurs, et même quand le *Kountras Magentsa,* imprimé sous le nom de *Commentaire de Rabenou Guerchom,* et celui de Rachi se recoupent, on en vient à se demander si le premier n'est pas un résumé d'élève, tant le commentaire de Rachi éclipse le texte dont il s'inspire. La simplicité qui est la principale qualité de Rachi est sans doute trompeuse. Rachi peut être perçu à plusieurs niveaux : le débutant et le talmudiste achevé y trouveront toujours respectivement leur compte.

Les raisons d'un succès

Il n'est donc guère étonnant que le commentaire du Talmud de Rachi ait réussi non seulement à supplanter tous ceux qui l'avaient précédé, mais également à empêcher la composition de nouveaux commentaires au cours des générations suivantes. On y admirait particulièrement sa conception unitaire d'un Talmud homogène, son adhésion sans faille à des principes juridiques indiscutés et son analyse impartiale des arguments avancés par les rabbins qui s'affrontaient même lorsque l'on savait déjà quelle serait la décision finale. L'étudiant qui s'escrimait sur le texte talmudique avait le sentiment de l'avoir compris puisque le commentaire de Rachi lui donnait raison. La sûreté du jugement du maître réussissait à le convaincre que si Rachi expliquait le texte du Talmud comme il l'avait lui-même perçu, c'était là la meilleure preuve qu'il l'avait compris. Il était également persuadé que si jamais il achoppait sur quelque difficulté, Rachi serait toujours là pour le tirer d'affaire. Il pourrait constamment faire confiance à ce maître discret, mais toujours présent. Selon un rabbin espagnol,

> « l'esprit saint s'est posé sur Rabbi Salomon qui s'est imposé dans l'étude du Talmud et a rédigé des commentaires du Talmud de Babylone en une langue claire et concise. Il n'a pas eu son semblable avant. Sans lui, la méthode de l'étude du Talmud de Babylone aurait été oubliée en Israël ».

Le commentaire talmudique de Rachi se répandit très rapidement et jusqu'en Orient. Il faut cependant remarquer qu'il s'agissait encore d'un « commentaire » du Talmud circulant indépendamment de ce dernier : en effet, dans la très grande majorité des manuscrits conservés, il n'a pas été recopié à la suite ou à côté du Talmud, dont il n'était pas encore devenu le compagnon inséparable. Maïmonide qui avait pourtant correspondu avec des rabbins de Provence à la fin du XIIᵉ siècle ne le connaissait pas. Mais à partir du XIIIᵉ siècle,

plus personne n'écrivit sur le Talmud sans se référer
aux commentaires de Rachi. Le premier éditeur d'un
traité du Talmud (Soncino, 1484) imprima très naturellement le commentaire de Rachi à côté du texte du
Talmud. Désormais il n'y aura plus d'édition du texte
talmudique qui ne soit accompagnée des commentaires de Rachi. Les caractères d'imprimerie utilisés
pour noter ces commentaires, et par la suite ceux
d'autres exégètes, prirent ainsi le nom d' « écriture de
Rachi » (il s'agit en fait d'une cursive rabbinique
italienne).

L'œuvre de Rachi ne s'inscrit ni dans un temps ni
dans un lieu : il ne se réfère jamais à des incidents ou
à des faits précis dont il a été le témoin et seul l'usage
des *laazim* montre qu'il a résidé en France. Elle
évitait désormais à l'étudiant, où qu'il fût, de longs
déplacements pour trouver les maîtres dont il était
privé dans son lieu de résidence. Cela ne dispensait
pas certains d'entreprendre des voyages d'études, une
fois achevée leur propédeutique pour poursuivre des
études supérieures.

Le commentaire de Rachi venait à son heure dans
la France du XIIe siècle où s'esquissait le développement urbain et avec lui celui des communautés juives.
Les voyages se faisaient plus rares, d'autant que le
grand commerce des objets de luxe qui impliquait de
lointains déplacements avait pris fin. Les juifs, bien
que n'étant pas attachés à la glèbe, allaient voir leur
horizon se rétrécir. Il importait donc de décentraliser
les études en les rendant possibles sur le plan local.
Le moment était venu de réunir tous les enseignements des divers *kountrassim* existants pour les mettre
à la disposition d'un public dont la soif de connaissance ne faisait qu'augmenter, et qui n'entendait pas

renoncer à un particularisme juif, dont cette même soif constituait un des caractères dominants. Il lui fallait un grand commentaire de la Bible, et du Talmud. Son bonheur fut de rencontrer un Rachi.

CHAPITRE VI

LE DÉCISIONNAIRE

Le judaïsme, religion normative par excellence, ne peut se passer d'instances de décision. Tout point de la loi, tout problème de la vie courante contraint le fidèle à s'interroger et à consulter sur la conduite à tenir. Depuis le XVIᵉ siècle, il dispose du *Choulhan Aroukh*, « La Table dressée », qui réunit et classe les lois relatives à la vie quotidienne et a recueilli l'assentiment des différentes écoles de juristes juifs qu'ils soient de tradition séfarade ou ashkénaze.

Le développement des responsa

Le judaïsme ashkénaze du XIᵉ siècle n'avait pas encore de recueils de *halakhot*. Que pouvait donc faire le juif incertain de la conduite à tenir ? Il pouvait, en premier lieu, perpétuer les usages de son père ou de son grand-père. Il pouvait aussi interroger tel ou tel personnage renommé pour sa science. Le *responsum* rabbinique (en hébreu *techouva*) n'est pas une création du Moyen Âge, mais il y connut un grand développement. C'est une réponse donnée par écrit à une question *(cheéla)*, adressée par écrit à une autorité talmudique et rabbinique reconnue. La question peut être envoyée par une communauté incapable de trancher par elle-même devant un problème inhabituel, ou encore par des personnes privées ou un tribunal *ad hoc* formé de trois personnes désignées pour enregistrer les déclarations et revendications des deux parties (en effet, si la question était posée seulement par l'une d'elles, elle risquait d'être formulée de façon tendancieuse). Plus la réputation du savant était grande, plus il était consulté. Il fallait s'engager à appliquer sa sentence pour éviter de la transformer en un exercice de style stérile. Certaines consultations prenaient valeur de précédents, aussi s'attachait-on à les conserver. Elles étaient souvent recopiées et faisaient leur entrée dans des collections de *responsa* à l'intention des générations futures. Il fallait bien entendu en gommer toutes les indications personnelles trop précises figurant dans la formulation originale de la question et de la réponse : nom, date et lieu. Comme on ne pouvait s'en passer au risque de rendre le texte incompréhensible, on était convenu de les remplacer par des noms fictifs, ceux des douze tribus pour les hommes (c'est ainsi que Ruben est souvent opposé à Simon ou à Lévi), des matriarches pour les femmes, des quelques principales villes de Terre sainte pour les lieux. Seule la signature de l'autorité rabbinique consultée pouvait être conservée, mais ce n'était pas toujours le cas : on s'intéressait plus à ce qu'il avait dit qu'à son identité.

Au XIᵉ siècle, le genre des *responsa* (en hébreu *Cheélot outechouvot*) était déjà bien implanté dans les communautés de Mayence et de Worms. Beaucoup ont été perdus soit du fait des incendies et des expulsions soit parce que les générations successives de talmudistes ne leur ont pas attribué une autorité suffisante. N'ont été préservés que ceux qui pouvaient faire office de précédents. Ceux qui s'attachaient à des problèmes trop particuliers ou ceux que leurs destinataires ne voulaient pas communiquer au public n'ont pas été conservés, car, en Allemagne comme en France, la conservation de ces documents était surtout assurée par les destinataires, et non par leurs auteurs. Cela explique qu'ils aient pu être remaniés et abrégés ; il en existe donc assez souvent plusieurs versions. Il faut ajouter que nombre de ces *responsa* anciens devinrent anonymes puisqu'on s'intéressait plus à leur contenu qu'à leur signataire. Les contemporains ne se souciaient guère de leur origine dans la mesure où ils étaient assurés de leur ancienneté et de leur valeur.

Pendant plusieurs siècles, les autorités consultées ne conservèrent pas de copie de leurs réponses, aussi l'importance de leur activité de décisionnaire nous échappe-t-elle. Ce n'est qu'au cours des dernières décennies que de patients chercheurs reconstituèrent ou plutôt constituèrent des recueils de *responsa* de quelques rabbins médiévaux d'Europe occidentale, retrouvés dans des manuscrits composites, et surtout dans des œuvres postérieures où ils avaient été insérés. Ce type de recueils ne saurait être complet, puisqu'il rassemble des textes sauvés par hasard et plus ou moins remaniés. Ce n'est qu'à partir du XIIIᵉ siècle que les rabbins d'Occident commencèrent à se préoccuper de la survie de leur œuvre, et réunirent eux-mêmes leurs propres *responsa*. Leurs prédécesseurs n'avaient pas eu le même souci, signe d'une générosité qui les portait à prodiguer leur savoir sans songer à laisser leur nom à la postérité.

Les responsa *de Rachi*

Les *responsa* de Rachi rassemblés par Israël Elfen-
bein furent publiés en 1943 sous le titre de *Techouvot
Rachi*. Nous disposons ainsi d'un corpus de près de
400 *responsa* (342 dont l'origine est indiscutable et 40
plus incertains), ce qui représente sans doute une faible
partie de l'ensemble.

Dans ces *responsa*, Rachi s'écarte de l'exemple des
Gueonim en ce qu'il ne philosophe pas, ne s'intéresse
pas à la théologie et n'édicte pas de règles de morale,
mais répond simplement à des questions d'exégèse ou à
des problèmes pratiques. C'est ainsi qu'il écrit aux
rabbins d'Auxerre qui l'avaient interrogé sur quelques
passages des livres de Jérémie et d'Ezéchiel. Il répond
également, tout comme les *Gueonim*, à des questions
concernant l'interprétation de certains textes talmudiques.

La majeure partie de ses *responsa* n'est cependant pas
consacrée à des points d'interprétation, mais à la
solution de problèmes très précis qui lui avaient été
soumis. On le consultait de Rome, de Bohême, de
Worms, de toute la Lotharingie et des villes dites de
« notre royaume », c'est-à-dire de France, Paris, Châ-
lons-sur-Marne, Orléans, Auxerre. Les copistes
anciens attachaient très peu d'importance aux noms et
aux adresses de ses correspondants qu'ils ont souvent
supprimés. Il est donc fort possible que Rachi ait eu
des correspondants encore plus lointains. Quant aux
Troyens eux-mêmes, il leur suffisait de consulter
oralement le maître.

Dans ces *responsa*, Rachi traite des lois relatives au
shabbat et aux fêtes, de l'abattage rituel, de la nourri-

ture et du vin, des questions d'affaires ou de famille. Traitant de problèmes concrets, ces consultations abondent en renseignements sur la société contemporaine et permettent de compléter ce que nous en savons déjà, mais il serait dangereux d'extrapoler et d'étendre à Troyes ce qui concerne d'autres localités.

La découverte, ou plutôt le rassemblement de ces *responsa*, amène à réviser l'appréciation portée sur l'œuvre de Rachi. Celui qui avait jusque-là été considéré comme l'exégète par excellence se révèle comme un *posseq*, un décisionnaire. Non qu'on ait jamais douté qu'il ait donné ce genre de consultation, mais on ne soupçonnait pas l'ampleur de son activité en la matière. L'humble commentateur qui, croyait-on, achevait son œuvre dans le secret de son cabinet, se révélait brusquement projeté dans le siècle. Il apparaissait comme un homme dont le rayonnement dépassait largement le cadre de ses disciples immédiats.

Les recueils d'exemples de l'école de Rachi

De fait, on s'était aperçu dès la fin du XIXe siècle qu'il existait une vaste littérature liée à l'enseignement de Rachi. Les *Sifré debé Rachi*, livres de l'école de Rachi, transmettaient son exemple et ses usages, fidèlement imités par ses élèves. Cette littérature d'exemples connut son apogée au début du XVe siècle avec le *Sefer Maharil* qui rapporte les usages du célèbre rabbin Jacob Mölln, tels que les avait notés son disciple Zalman de Saint-Goar. Le succès obtenu par ce livre qui fixa l'usage ashkénaze ne doit pas faire oublier que d'autres tentatives l'avaient précédé sur cette voie.

A l'exception d'un seul, le *Sefer ha-Pardes* (« Le

Livre du paradis », qui fut publié pour la première fois
en 1802), les recueils de l'école de Rachi ont été publiés
au XXe siècle : le *Sefer ha-Oreh* (« Le Livre du moisson-
neur ») en 1905, le *Sidour Rachi* (« Rituel de Rachi »)
en 1912, le *Mahzor Vitry* (« Rituel de Vitry ») en 1923
après un premier essai en 1893, le *Sefer Issour ve-Heter*
(« Livre de ce qui est interdit et permis ») en 1936, le
Sefer ha-Sedarim (« Livre des ordres ») en 1956 ! Tous
ces ouvrages issus de l'école de Troyes sont anonymes
— encore que l'influence de tel ou tel rédacteur puisse
s'y faire sentir occasionnellement — à l'exception du
Mahzor Vitry compilé par Simha de Vitry, un des
élèves de Rachi.

Ces recueils frappent par leur manque d'ordre, ce
qui ne saurait étonner puisqu'à l'époque où ils furent
rédigés aucun système de classification ne s'était
encore imposé. Tous tournent autour de la personne de
Rachi, de sa conduite et de son enseignement, mais ils
citent abondamment ses prédécesseurs et ses contemporains. Il n'est donc pas surprenant qu'ils aient été
complétés, au fur et à mesure des copies qui en ont été
faites, par des enseignements postérieurs. Ils sont ainsi
devenus de véritables sommes, dont l'ampleur et la
variété peuvent occasionnellement faire oublier l'intention première qui a présidé à leur rédaction, et le
milieu dont ils sont issus. Un bref examen de deux
d'entre eux suffira à caractériser ce genre de littérature.

Dans le *Sidour* de Rachi, Rachi n'est pas souvent cité
nommément, mais toutes les mentions de Rabbi,
« mon maître », ou Rabbénou, « notre maître », se
rapportent à lui. A plusieurs reprises, il y est rappelé
que ce *Sidour* est entièrement de lui. Ses élèves ont
donc dû noter les prières récitées dans la *yechiva* ou
dans la synagogue de Troyes. L'ouvrage s'ouvre par

une description de l'office quotidien. Suivent les bénédictions et les prières de *minha* (après-midi) et de *maariv* (soir). Puis la liturgie des fêtes : Roch Hachana et Kippour, Soukkot, Hanouka et Pourim. Puis viennent « les lois de Pessah telles qu'elles ont été expliquées dans l'école de Rabbenou Salomon », mais la fête de Chavouot (Pentecôte) manque. Le *Sidour* passe immédiatement à la période de deuil de trois semaines qui se termine avec le jeûne du 9 Ab. Il revient ensuite à certaines prières journalières et aux actions de grâces après le repas, puis encore à *minha* et *maariv*. Il passe ensuite aux différentes lectures de la Torah. Par la suite il traite brièvement de divers sujets et conclut sur l'exposé de certaines lois alimentaires. Une telle présentation est déroutante ; il n'est pas certain qu'elle suive un plan. En revanche, le caractère utilitaire de l'exposé est apparent : le fidèle apprend ce qu'il doit dire et ce qu'il doit faire en toutes circonstances.

Le *Sefer ha-Oreh*[1] où le nom de Rachi est fréquemment cité concerne surtout le culte familial et privé, et consacre relativement peu de place à celui de la synagogue. Sa deuxième partie traite du mariage et de sa consécration, puis passe tout de suite aux lois de Pessah. En fait, il s'agit surtout de la préparation de cette fête et du rôle dévolu à la femme, notamment pour tout ce qui concerne la mise en état de la cuisine et de ses ustensiles. Suivent les lois alimentaires, puis vers la fin, les lois régissant le divorce, suivies de l'examen de sujets très divers. Ici également il est difficile de trouver un plan bien défini. Les répétitions sont fréquentes d'un livre de l'école de Rachi à l'autre. Ne poursuivaient-ils pas le même objectif : décrire

1. Nommé ainsi d'après Cantique des Cantiques 5, 1.

aussi clairement que possible ses faits et gestes pour mieux s'en inspirer, puisqu'en l'absence d'un code, il faut savoir imiter un maître respecté ? De ce fait, les livres issus de l'école de Rachi sont devenus autant de projets, d'embryons de code, où il faut reconnaître la forte empreinte de Rachi, le *posseq*, dont l'enseignement fut ainsi conservé pour l'édification des générations futures.

La publication tardive des *responsa* de Rachi et des livres de son école explique qu'il ait surtout une réputation de commentateur. Alors que les *responsa* de Maïmonide ont été réunis dès le XVIIIe siècle, les siens ont dû attendre la moitié du XXe siècle. Les écrits de son école ont été redécouverts au XIXe siècle par les maîtres de la *Wissenschaft des Judentums* après un oubli de plus de cinq siècles. Cette occultation d'une partie considérable de l'œuvre d'un maître aussi vénéré est due sans doute au succès de son commentaire qui a éclipsé tout le reste et retenu l'attention de ceux qui l'étudiaient avec tant de ferveur, au détriment d'une autre facette de son œuvre. Bon gré mal gré, Rachi resta « le Commentateur ». Le *posseq* fut relégué au second plan.

CHAPITRE VII

LE POÈTE LITURGIQUE

Un des aspects les plus insolites et les moins connus de l'œuvre de Rachi est son intérêt pour la poésie liturgique, le *piyout* (déformation du mot grec « poète »). Ce genre qui se développa en Terre sainte dans les premiers siècles de l'ère chrétienne devait persister jusqu'au XVIIᵉ siècle, et même jusqu'à nos jours en Orient. Il fleurit déjà en Rhénanie aux Xᵉ et XIᵉ siècles.

Le *piyout*

Les *piyoutim* — dont les plus anciens sont anonymes — ont pour mission d'enrichir la liturgie. Le *piyout* se caractérise par un vocabulaire très recherché, une grande abondance de néologismes et d'allusions à la littérature biblique et rabbinique, de sorte qu'avec le temps, son style devient de plus en plus obscur. Aussi bien a-t-il souvent été critiqué pour son hermétisme. En Espagne, c'est en réaction contre le *piyout* que naît la poésie hébraïque de l'âge d'or, qui devait le concurrencer et quelquefois le supplanter. Ce ne fut pas le cas dans la France et l'Allemagne médiévales où on resta attaché au *piyout* ancien. Encore fallait-il le compren-

dre ! Il n'est donc pas étonnant que ce besoin ait suscité
la création d'une école de commentateurs du *piyout*,
dont Rachi devait être un des fondateurs.

Rachi, commentateur du piyout

Il fut précédé à la vérité par Moïse ha-Darchan
(l'exégète) de Narbonne et son fils Juda de Toulouse.
Peut-être même Menahem ben Helbo écrivit-il des
commentaires de *piyout*, ainsi que semble l'indiquer
son neveu Joseph Qara. Rachi, quant à lui, appréciait
beaucoup la lecture de ces poèmes. Il constatait que
toutes les communautés juives, de l'Espagne aux pays
slaves, de Rome jusqu'en Allemagne, avaient coutume
de les réciter, chacun à la place qui lui était assignée
dans l'office : « On ne craint pas d'allonger l'office de
shabbat et d'indisposer l'assistance. » Lui-même s'efforce de les comprendre et de leur assigner une
demeure permanente, conformément à l'un des enseignements de Rabenou Guerchom.

S'il n'a pas laissé de commentaire complet du *piyout*,
ses explications sont souvent rapportées dans les écrits
de ses élèves qui les ont entendues de sa bouche. Rachi
avait peut-être commencé à s'intéresser au *piyout* en
Allemagne, où il avait pu constater que des person-
nages aussi éminents que son maître Isaac ha-Levi
avaient entrepris de les expliquer. Il transmit cet
intérêt à ses élèves : c'est ainsi que son gendre, Meïr, et
plus encore son élève Joseph Qara s'adonnèrent à
l'étude du *piyout*. Son petit-fils Rabenou Tam s'y
intéressa également. Toute cette école devait connaître
une grande renommée : pendant longtemps, le rituel
des fêtes du rite allemand, dans lequel les *piyoutim*

abondent, fut imprimé avec le résumé de ses commentaires à l'intention du fidèle curieux. Ils ne disparurent que lorsque des traductions en langue vernaculaire furent en mesure de communiquer à travers la traduction elle-même l'essentiel de leur contenu.

Rachi, auteur de pyoutim

L'intérêt de Rachi pour le *piyout* ne s'arrête pas au commentaire de celui-ci. Comme beaucoup de rabbins de son époque, il en écrivit lui-même un certain nombre où, selon la coutume du temps, son nom apparaît en acrostiche. Quelques-uns ont même fait leur entrée dans la liturgie.

Son genre préféré est celui de la *seliha,* la prière pénitentielle récitée dans la période qui précède le Nouvel An et jusqu'à Yom Kippour, ainsi que pendant les jours de jeûne. Comme les *piyoutim* n'ont pas de titre, l'usage s'est répandu de les désigner par les mots avec lesquels ils commencent. Une des plus belles *selihot* de Rachi, intitulée *Tora Temima* (« Torah parfaite »), est consacrée précisément à la Torah, qui est priée d'intercéder en faveur du peuple qui voue sa vie à l'étude :

« Torah parfaite, déjà deux fois millénaire,
Implore la face de Dieu, en faveur de la colombe parfaite [le peuple d'Israël].

Insiste dans ta supplication auprès de Celui qui réside dans sa demeure
Qu'il prenne en pitié ceux qui t'étudient en tout temps et toute saison.

Jeunes et vieux se réunissent dans tes écoles
Ils ne quittent pas la tente [de la Torah], car ils veulent
la louer et la glorifier.

Dans la demeure des rabbins, leurs fils répètent tes
paroles,
Malgré la faim et la soif et toutes les privations.

... Demande satisfaction de l'affront fait à tes dévôts,
et du sang de tes élèves répandu
Par la main des enfants de la débauche, qui extermi-
nent tes disciples.

Ils ont déchiré tes tentures, et foulé aux pieds les
lettres [de la Torah],
Dans une colère furieuse, ils ont détruit tes demeures.

Prie le Dieu redoutable pour qu'il guérisse la plaie et le
châtiment,
Qu'il rassemble le peuple dispersé de parmi ceux qui
t'offensent.

Fais revenir d'exil la tente de la Torah. Qu'un roi
règne en Israël
Pour que tes frères et tes amis puissent à nouveau les
fréquenter,

Et expliquer en Terre sainte la beauté de tes paroles,
Et expulser dans la colère et le courroux l'ennemi
vaniteux qui est sans nom.

Les descendants des justes, les maîtres et les élèves,
Y établiront l'assise des études,

La vision de la cité où se rencontreront
Ceux qui souffrent d'en avoir été éloignés.

Qu'il prenne en pitié ceux qui sont endeuillés,
Car les temps sont arrivés. »

Dans le poème *Apecha Hachev* (Renonce à ta
colère), Rachi invoque la miséricorde divine qui est

particulièrement sollicitée pendant la période de pénitence :

> « Renonce à ta colère, et apaise-la, et fixe-lui un terme.
> Personne ne pourrait lui résister, car la chute fut
> grande.
>
> Afin que Jacob, petit et faible, n'ait pas à comparaître
> en justice
> Ce misérable qui implore le maître de bonté.
>
> ...C'est en toi que nous avons placé notre confiance.
> Que ton salut, Seigneur, nous exalte.
> Aie pitié de nous, reprends ta colère pour que nous
> puissions faire pénitence.
> Nous aimons résider dans ton ombre, et nous gardons
> l'espoir.
> Rapproche-nous de toi. Nous t'attendons. Que notre
> cœur exulte en toi ! »

Dans une autre *seliha* (*Hachem Elokei Hatsevaot*), il
implore :

> « Écoute la plainte de ceux qui t'invoquent dans tes
> demeures !
> Prépare leur cœur pour qu'ils soient prêts à te craindre !
> Que ton oreille entende le discours de leurs implora-
> tions,
> Pour faire remonter à nouveau ton peuple des tumultes !
> Que ton antique miséricorde nous accueille bientôt !
> Que soient reconnus innocents ceux que tu prends en
> pitié !
> Ils espèrent ta grâce. Ils ont foi en ta compassion. »

L'INFLUENCE DE RACHI

La légende s'est très rapidement emparée de Rachi et l'a transformé en un personnage quasi mythique, qui aurait permis la survie de la Torah. Dans son nom, Rachi, on a voulu découvrir les initiales de son titre véritable : *Raban chel Israël,* « le maître d'Israël ». Maître, il le fut certainement au sens large du mot, puisque le Pentateuque et le Talmud sont toujours abordés par son intermédiaire, mais il fut aussi un maître au sens étroit du terme en ce qu'il forma de nombreux disciples et créa une école renommée. Son influence ne fut pas cantonnée à la communauté juive médiévale, elle s'exerça également sur l'exégèse biblique chrétienne, dans des proportions qui se découvrent au fur et à mesure des publications récentes.

C'est sous trois aspects différents : celui du maître des études bibliques, celui du maître des études talmudiques et celui du maître des exégètes chrétiens, qu'il faudra apprécier l'importance du rôle de Rachi.

Le maître des études bibliques

Rachi eut le bonheur de compter parmi ses disciples directs de jeunes savants de valeur.

Chemaya, qui fut le beau-père de son petit-fils Samuel ben Meïr (Rachbam) et passa la plus grande partie de sa vie à Troyes, ne fut pas à proprement parler un élève de Rachi, mais plutôt un *talmid haver*, autrement dit un « élève-collègue ». Rachi le mentionne dans ses célèbres *responsa* aux rabbins d'Auxerre, où il l'appelle : « notre frère ». Il ne semble pas que Chemaya ait écrit un véritable commentaire biblique : il s'est plutôt attaché à la mise au point de celui de Rachi qu'il lui est arrivé de compléter de remarques de son cru. Les éditeurs ont généralement supprimé ces additions transmises par les manuscrits.

Joseph Qara, de son nom véritable Joseph ben Simon ben Helbo, né vers 1065, fut, lui, véritablement l'élève de Rachi. Son surnom montre qu'il se fit connaître par ses travaux sur l'Écriture (*Miqra* en hébreu). Avant de devenir l'élève de Rachi à Troyes où il résida longtemps, il fut celui de son père dont il rapporte des commentaires, et surtout celui de son oncle Menahem ben Helbo, également surnommé Qara — auteur d'un livre d'exégèse biblique, les *Pitronim*, aujourd'hui perdu. L'œuvre de Joseph Qara, demeurée pratiquement inconnue jusqu'à l'époque moderne, consiste essentiellement en un commentaire des Prophètes et des Hagiographes. Il ne semble pas qu'il ait rédigé plus que des notes et des remarques sur le texte du Pentateuque et sur le commentaire de Rachi qui s'y rapporte. Adepte fervent de la méthode du *pechat*, il s'en explique ainsi dans son commentaire de I Samuel 1,17 :

> « Quiconque ne comprend pas le sens littéral de l'Écriture et a recours au Midrach ressemble à un homme que la crue d'un fleuve a emporté et que des eaux profondes

recouvrent. Il s'empare de tout ce qui passe à sa portée pour se sauver ! S'il acceptait de porter son attention sur la parole divine, il examinerait son sens littéral. Il pourrait alors appliquer le verset : " Si tu la recherchais comme de l'argent, si tu la réclamais comme des trésors, alors tu comprendrais la crainte de l'Éternel et tu trouverais la connaissance de Dieu ". » (Pr 2,4-5).

Cela ne l'empêcha pas d'avoir occasionnellement recours au *derach*. Bien qu'il recopie ou paraphrase souvent Rachi, il n'hésite pas à contredire parfois son commentaire mais il évite de s'en prendre directement au maître et d'écrire que Rachi s'est trompé.

Le flambeau du commentaire biblique fut repris par le petit-fils de Rachi : Samuel ben Meïr (Rachbam). Il semble avoir commenté toute la Bible, mais seul a été conservé son commentaire du Pentateuque, sous une forme d'ailleurs incomplète. Longtemps ignorée, comme les écrits de Joseph Qara, cette œuvre n'a été publiée qu'il y a une centaine d'années. Dans l'état où elle nous est parvenue, elle ne comporte pas d'introduction. C'est à propos de son commentaire sur Genèse 37,2 que Rachbam nous livre ses principes exégétiques :

« L'Écriture ne sort pas de son sens littéral, car le principe de la Torah est de nous enseigner et de nous faire connaître par un signe du *pechat* les *aggadot*, les lois et les règlements grâce aux trente-deux règles herméneutiques de Rabbi Eliezer fils de Yossi le Galiléen et grâce aux douze règles herméneutiques de Rabbi Ismael. Les anciens, en raison de leur piétisme, ont penché du côté des interprétations midrachiques qu'ils considéraient comme l'essentiel. De ce fait ils ne sont pas habitués à la recherche du sens littéral de l'Écriture,

ainsi que l'ont dit les sages : " Ne multipliez pas chez
vos fils la recherche logique " (*Berakhot*, 28 b). Ils ont
également dit : " Quiconque étudie l'Écriture fait et ne
fait pas bien. En revanche, il n'y a rien de supérieur à
l'étude talmudique " (*Baba Metsia*, 33 a). Ils ne sont
donc pas habitués à la recherche du sens littéral des
versets, comme il est dit dans le traité *Shabbat* 63 a :
" J'avais dix-huit ans et j'avais appris tout le Talmud,
mais je ne savais pas que l'Écriture ne sortait pas de son
sens littéral. " »

Rachbam rappelle à ce propos que son grand-père
Rachi avouait regretter de ne pas avoir insisté davantage sur le sens littéral dans ses commentaires. Il
renvoie parfois au commentaire de Rachi, pour ne pas
avoir à s'écarter du recours exclusif au *pechat*, ce qui ne
l'empêche pas de critiquer certains commentaires de
son grand-père, mais sans mentionner son nom. Il écrit
ainsi (à propos d'Exode 3,11) :

> « Quiconque désire comprendre le principe de l'explica-
> tion littérale des versets étudiera mon commentaire, car
> mes prédécesseurs n'y ont rien compris. »

Ou bien il reproche à ces mêmes prédécesseurs
d'avoir prononcé des paroles vaines (à propos de
Gen 45,28) ou des « stupidités » (sur Exode 33,14).
Tout cela est assez surprenant, venant d'un homme
connu pour son humilité et sa modestie. Le souci qu'il
avait d'imposer une méthode d'analyse, qui se situait
en fait dans la continuité de celle de Rachi explique
sans doute les audaces verbales de cet homme timide.
    Son frère cadet Rabenou Tam a, croit-on, commenté
le livre de Job, mais cette œuvre n'a pas été conservée.
Son élève Joseph ben Isaac d'Orléans, surnommé

Bekhor Chor (d'après Deut 33,17), fut plus heureux puisque son commentaire de la Torah retrouvé au dix-neuvième siècle, a pu être publié. Cette œuvre marque la fin de la domination exclusive du *pechat*. Il y fait preuve d'une grande indépendance à l'égard de ses prédécesseurs. Réexaminant librement le texte bibli-que, il remarque à propos du verset 18 du chapitre 2 de la Genèse où Dieu annonce qu'il donnera à Adam une aide digne de lui, qu'aussi longtemps que Adam était immortel, il avait besoin d'une aide, et non d'une future mère ; ce n'est qu'à partir de son expulsion du jardin d'Eden et de la perte de son immortalité qu'Ève doit devenir une mère pour assurer la survie de l'humanité. A propos de la nudité d'Adam, il écrit que seul est nu celui qui devrait être habillé et n'a pas de vêtements : les bêtes ne sont pas nues puisqu'elles ne doivent pas s'habiller, et, ajoute-t-il, quand les grands de ce siècle sont mal vêtus, ils disent qu'ils sont nus parce qu'ils n'ont pas de vêtements dignes d'eux ! De tels commentaires, qui ne sont pas rares dans son œuvre, la distinguent de celle de ses prédécesseurs. Mais ce n'est pas là la seule différence : Joseph Bekhor Chor est le premier commentateur français à introduire dans son œuvre une note philosophique. Il s'efforce de repousser toutes les descriptions anthropomorphiques de Dieu, prend la défense des Patriarches auxquels on voulait reprocher quelques faiblesses, explique ration-nellement les miracles et recherche les raisons qui inspirent certaines lois. Ainsi, il justifie l'interdiction de consommer des insectes, des reptiles, et toutes sortes d'animaux, oiseaux ou poissons impurs, par le fait qu' « ils nuisent et mettent un terme au corps de l'homme, car celui qui les mange est dégoûté et souillé » (sur Ex 15,26). Un autre trait marquant de son œuvre est sa polémique contre l'interprétation chrétienne de la Bible qu'il démonte verset par verset.

Son contemporain Eliézer de Beaugency commenta peut-être la Bible entière, mais seuls les commentaires des livres d'Isaïe, d'Ezéchiel et des Petits Prophètes ont été conservés. Encore ont-ils été publiés tardivement, le premier en 1879, et les autres en 1909-1910. Eliézer fut peut-être l'élève du Rachbam, ce qui expliquerait qu'il s'attache exclusivement au sens littéral du texte. Il a très peu recours au Midrach et s'efforce d'expliquer rationnellement les miracles. A plus d'une reprise, son commentaire ressemble à une paraphrase puisqu'il se complaît à reprendre les mots des versets qu'il explique.

Avec lui et Joseph Bekhor Chor prend fin la période des grands exégètes bibliques français. Pendant tout le XIIIe siècle, on voit apparaître des recueils composites, le plus souvent anonymes, qui ne sont pas vraiment des commentaires du Pentateuque, mais des apostilles, des nouvelles, ce que confirme bien le nom de *Tossaphot* (ajouts) de la Torah qui leur fut donné (il ne faut pas les confondre avec les *Tossaphot* du Talmud dont il sera question plus loin). L'explication homilétique y tient une place de plus en plus importante, de sorte que l'on peut dire qu'ils marquent la fin de l'exégèse littérale.

La recherche biblique jette ses derniers feux entre le XIIIe et le début du XIVe siècle avec des recueils de *laazim*, lexiques hébreu-français où les termes français sont transcrits en caractères hébraïques (ce qui fournit de très précieuses indications phonétiques aux philologues du français médiéval) selon l'exemple donné par Rachi. Certains estiment que ces lexiques avaient en quelque sorte valeur de commentaire dans la mesure où les traductions de termes proposées orientaient l'interprétation, mais on peut se demander si leur apparition ne témoigne pas plutôt de la décadence des études bibliques ! Ces lexiques sont de simples auxiliaires visant à aider ceux qui ont perdu le contact immédiat avec le texte sacré.

Les exégètes qui s'inscrivent dans la lignée de Rachi ont suivi la méthode du *pechat* dont ils ont exploité toutes les possibilités pendant deux siècles. Au XIIIe siècle, on se tourne vers d'autres formes d'exégèse sous l'influence des commentateurs espagnols et de la Kabbale. L'étude de la Bible n'était toutefois pas devenue une discipline essentielle ; en effet, les savants de ce temps sont connus comme des talmudistes. Pour eux, l'étude de la Bible n'était que la compagne de l'étude talmudique. Il reste que seul le commentaire biblique de Rachi fut adopté par la postérité, rejetant dans l'ombre les commentateurs de l'école du *pechat* en France jusqu'au XIXe siècle.

Les maîtres des études talmudiques

On a déjà souligné l'importance du milieu familial dans les grandes écoles de Rhénanie au XIe siècle. Il en fut de même au XIIe et au XIIIe siècle en Champagne où les gendres de Rachi et ses descendants poursuivirent l'étude du Talmud. Ils n'envisagèrent pas de composer de nouveaux commentaires du Talmud, tant ils étaient convaincus de l'excellence de celui de Rachi. Sans le suivre en tous points, ils s'employèrent plutôt à l'approfondir et à le compléter qu'à le refaire. C'est pourquoi ils se contentèrent de *Tossaphot*, ou « additions » au commentaire de Rachi.

L'école des Tossaphistes a son origine dans celle de

Troyes. Les descendants de Rachi et ses élèves s'atta-
chèrent à corriger le texte de ses commentaires et y
ajoutèrent les remarques résultant de l'étude en commun à laquelle ils s'adonnaient. Ils interrogeaient leurs
maîtres sur des points obscurs du commentaire de
Rachi et ceux-ci proposaient des solutions ; questions
et réponses étaient notées. Ces cahiers d' « additions »
se multipliaient dans les écoles, et leur quantité ne
manquait pas d'éveiller l'attention des étudiants
avancés qui, selon l'usage médiéval, passaient d'une
école à l'autre.

Les premiers Tossaphistes furent les gendres de
Rachi, Juda ben Nathan et plus particulièrement Meïr
ben Samuel, et le fils de ce dernier Samuel ben Meïr
(Rachbam) ainsi qu'Isaac ben Acher ha-Levi qui avait
été l'élève de Rachi à Troyes, avant de s'installer à
Spire où il importa la nouvelle méthode d'études. Il
était venu de Mayence à Troyes pour suivre son
enseignement. L'exemple de Riva — c'est ainsi qu'il
fut surnommé — montre comment le centre de gravité
de l'école des Tossaphistes a pu passer d'un pays à
l'autre, de la Champagne à la Rhénanie, avec de
nombreux allers et retours. La base de l'école resta
cependant française, et c'est Rabenou Tam, le petit-fils
de Rachi, qui l'établit définitivement.

Rabenou Tam (1100-1171) fut très rapidement
reconnu comme le maître de sa génération. Les élèves
affluaient à son école, à Ramerupt d'abord, à Troyes
ensuite : il en vint de Bohême et même de Russie. En
repartant, ils contribuèrent à la diffusion de l'enseignement et du renom de leur maître. Celui-ci, conscient de
sa supériorité, avait la dent dure contre quiconque
mettait en doute ou rejetait son autorité et n'hésitait
pas à lancer des excommunications contre ses adver-

saires. Quoique de tempérament très conservateur, il sut réagir aux problèmes de tous ordres qui se posaient de son temps, et prit l'initiative de réunir les représentants des communautés intéressées pour adopter en commun les mesures nécessaires. C'est ainsi qu'il convoqua et présida plusieurs synodes à Troyes. De son temps Troyes était devenue la plaque tournante du judaïsme d'Europe occidentale comme le montrent bien ces quelques lignes de l'introduction au texte des ordonnances à l'élaboration desquelles il avait participé avec son frère Samuel :

> « C'est pourquoi nous nous sommes concertés, nous les anciens de Troyes et ses sages, ainsi que ceux des environs, ceux de Dijon et des alentours, les grands d'Auxerre, de Sens et leurs faubourgs, les anciens d'Orléans et des environs, nos frères les habitants de Châlons [sur-Marne], les sages du pays du Rhin [de Reims ?], nos maîtres de Paris et leurs voisins, les sages conseillers de Melun et d'Étampes, les habitants de la Normandie et du littoral de la mer, de l'Anjou et du Poitou, les grands de notre génération qui habitent en Lotharingie... »

Troyes en Champagne était donc reconnue comme une des capitales, peut-être la capitale du judaïsme. Les grandes foires de Champagne aidant, les communautés juives s'y multiplièrent et attirèrent des élèves toujours plus nombreux. Parmi ceux de Rabenou Tam, on compte Isaac l'Ancien de Dampierre, dit Ri, Eliézer fils de Samuel de Metz, Joseph d'Orléans, Hayyim ben Hananel ha-Cohen ainsi que bien d'autres. Son œuvre fut considérable, et son enseignement transparaît dans toute la littérature des *Tossaphot* même si son nom n'y est pas explicitement mentionné. Il définit comme suit sa méthode :

> « Vous connaissez ma manière de faire qui consiste à élever des objections et à établir des lois droites. Je ne donne pas de réponses forcées, car mes questions sont une réponse. Elles n'ont pas besoin de réponse, car les lois sont aisées à comprendre sans réponses forcées... J'explique la loi selon son sens littéral et les objections me sont des auxiliaires. Même lorsque le Talmud dit ici non et là oui, nous y trouvons une bonne réponse. A plus forte raison quand d'autres objections s'élèvent » (*Sefer ha-Yachar*, N° 56).

L'enseignement devait donc être critique et dialectique. Il devait aussi, contrairement à ce qu'avait fait Rachi, procéder à des comparaisons entre des textes qui ne sont pas parallèles à première vue. C'était proclamer l'unité du Talmud, ce qui autorisait les générations post-talmudiques à poursuivre d'une certaine manière l'œuvre de ses rédacteurs.

Rabenou Tam n'a laissé qu'un seul livre, le *Sefer ha-Yachar*, qui fut redécouvert et publié en 1811. Il comprend des *responsa* et des nouvelles sur le Talmud. Souvent remanié, il ne représente qu'une petite partie de son œuvre, dont l'ampleur véritable ne peut être appréciée que dans l'étude des *Tossaphot*.

Son élève, R. Eliézer de Metz, fut l'auteur du *Sefer Yereim* (« Le Livre des craignants Dieu ») qui constitue une des premières tentatives faites en Europe du Nord pour résumer la loi juive.

Joseph Bekhor Chor, auteur, on l'a vu, d'un commentaire du Pentateuque, est mentionné à plusieurs reprises dans les *Tossaphot,* ce qui démontre qu'il fut un fidèle disciple de Rabenou Tam avec lequel il échangea plusieurs lettres.

L'élève le plus proche de Rabenou Tam fut Hayyim ben Hananel ha-Cohen, qui vécut un temps à Paris, où il eut à souffrir des mesures de Philippe Auguste. Il écrivit de nombreux *Tossaphot* qui sont souvent cités. Une anecdote rapportée à son sujet donne la meilleure idée de la révérence dans laquelle était tenu Rabenou Tam. Hayyim ben Hananel était *cohen* et devait donc fuir la maison des morts. Ayant appris la mort de son maître alors qu'il se trouvait à Paris, il s'écria : « Si je m'étais trouvé alors à Troyes, je me serais rendu impur pour lui ! »

Le vrai successeur de Rabenou Tam fut le Ri, Isaac ben Samuel de Dampierre, qui était son neveu, le fils de sa sœur, et le petit-fils de Simha de Vitry, l'élève de Rachi. Il suivit longtemps Rabenou Tam à Ramerupt et s'installa à Dampierre lorsque son maître s'installa à Troyes. C'est dans son école que la méthode des *Tossaphot* fut définitivement mise au point. La tradition rapporte à son sujet :

> « Rabenou Isaac, le fils de la sœur de Rabenou Tam, était connu comme le Tossaphiste. Il a appris et enseigné dans la *yechiva.* Mes maîtres de France m'ont témoigné au nom de leurs maîtres qu'il est bien connu et notoire que soixante rabbins suivaient ses cours. Chacun d'entre eux écoutait la loi qu'il exposait. En outre, chacun étudiait un traité du Talmud que n'étudiait pas son collègue, et le récitait par cœur. Rabenou Isaac n'exposait jamais une loi avant qu'ils n'aient tous appris par cœur les passages du Talmud s'y rapportant, et qu'ils n'aient éclairci toutes les incertitudes du Talmud à ce sujet. Toute loi, tout dit d'un *tana* ou d'un *amora*

dont on pouvait découvrir le contraire ou la contradiction dans un autre passage du Talmud, il les rétablissait en leur place ainsi qu'il est évident pour quiconque a vu leurs Tossaphot, leurs questions et leurs réponses à ce propos, ainsi que par la contradiction qu'ils ont portée à leur grand-père Rachi » (Tseda la-Derekh).

Le grand nombre des élèves réunis autour d'un maître vénéré — certains venaient d'Espagne — et leur compétence talmudique rendirent possible l'élaboration des *Tossaphot*. On s'y occupait d'amender le texte du Talmud qui ne donnait pas encore pleine satisfaction et on procédait à la comparaison entre des textes parallèles, pour les concilier. Cet effort organisé fut poursuivi pendant de longues années dans l'école de Dampierre. Très peu des *Tossaphot* de Ri nous sont parvenus dans leur forme originale, mais il n'est guère de folio du Talmud qui ne les mentionne car les élèves de Ri qui avaient noté avec le plus grand soin son enseignement ne cessèrent de le citer.

L'école de Dampierre lui survécut un temps avec à sa tête R. Isaac ben Abraham (Ritsba). Pour la première fois, ce n'était pas un descendant de Rachi qui diffusait son enseignement et celui de ses élèves. Cependant le véritable successeur de Ri fut le frère puîné de Ritsba : Samson de Sens, qui passa une grande partie de sa vie dans cette ville où il avait sans doute transporté l'école de Ri. Il avait encore pu suivre l'enseignement de Rabenou Tam mais Ri fut son véritable maître. Consulté en 1202 par le rabbin espagnol Meïr Aboulafia qui menait une violente campagne contre la philosophie maïmonidienne, Samson, au nom des rabbins de France, prit fait et cause pour Maïmonide tout en rejetant certaines de ses idées (par exemple, sur la résurrection physique des morts) car il estimait que Maïmonide avait ouvert les portes de l'entendement et contemplé les merveilles de la Torah divine. En refusant de se mêler davantage à la controverse, il donna l'exemple du talmudiste fervent qui se refuse à perdre son temps dans l'étude de la philosophie. En 1211, il partit pour la Terre sainte avec trois cents rabbins de France et fut désormais connu comme Samson de Jérusalem. Il mourut en 1214 et fut inhumé au pied du mont Carmel.

Samson de Sens fut le premier rabbin français à commenter deux traités de la Michna, *Zeraïm* et *Toharot,* qui traitent essentiellement des lois agricoles et des règles de pureté dont l'application n'est possible qu'en Terre Sainte. Peut-être faut-il lier cet intérêt à son désir de s'y installer. Ces commentaires, très bien accueillis, ont fait leur entrée dans les éditions courantes du Talmud.

Dans sa vaste œuvre, les *Tossaphot* occupent une place de choix, mais ils ont souvent été réécrits par ses élèves. Les « *Tossaphot* de Sens », comme on les appela, exercèrent une influence considérable sur les *Tossaphot* en général, puisqu'ils sont à l'origine de ceux dont nous disposons.

A sa mort, le flambeau des études talmudiques passa à Paris. Les raisons de ce transfert en une époque où les foires de Champagne n'avaient rien perdu de leur activité sont mal élucidées. Faut-il y voir un signe prémonitoire de la décadence des communautés juives de Champagne ? Il est cependant remarquable qu'après le retour en 1198 des juifs expulsés de la ville par Philippe Auguste en 1181, l'école de Paris fut dirigée par Juda fils d'Isaac, surnommé Sire Léon, qui était l'arrière-arrière-arrière-petit-fils de Rachi ! Il n'avait pu connaître Rabenou Tam, mais avait suivi l'enseignement de son parent Ri à Dampierre. De son temps, l'Université de Paris était déjà devenue célèbre et les élèves y affluaient de toute part. Peut-être cet enthousiasme pour les lettres exerça-t-il une influence sur les juifs qui introduisirent les études talmudiques dans la capitale. En tout cas on y poursuivit la rédaction des *Tossaphot* qui continuaient d'occuper une place centrale dans les études.

Quand Sire Léon mourut en 1224, son élève Yehiel ben Joseph, connu sous le nom de Yehiel de Paris ou Sire Vives (traduction de Yehiel), lui succéda. Il était originaire de Meaux et avait été également l'élève de Samson de Sens. La réputation dont il jouissait aussi bien parmi les chrétiens que parmi les juifs donna lieu à de nombreuses légendes lui attribuant des pouvoirs surnaturels. Il fut le maître de Meïr de Rothenbourg, la personnalité la plus marquante du judaïsme allemand pendant la deuxième moitié du XIIIe siècle, de Perets fils d'Élie de Corbeil et d'Éliezer de Toucques. En 1240, sous le règne de Louis IX (Saint Louis), il fut le principal représentant des juifs lors de la controverse de Paris sur le Talmud au terme de laquelle furent livrées au feu vingt-quatre charrettes de Talmud avec leurs commentaires, et sans doute aussi des *Tossaphot*. Il n'est pas surprenant qu'il ait choisi en 1260 de quitter Paris et la France pour la Terre sainte. Avec sa famille et ses élèves, il s'installa à Saint-Jean-d'Acre où il reconstitua l'école de Paris. Les *Tossaphot* auxquels il avait contribué en France nous sont surtout connus par les citations qu'en ont faites des auteurs plus récents.

Son départ marqua la fin de l'école des Tossaphistes français. L'ère des compilateurs commençait. Les élèves des Tossaphistes n'avaient pas scrupule à réécrire, corriger, abréger les écrits de leurs maîtres : ils entreprirent de condenser les *Tossaphot* qu'ils trouvaient bien trop longs.

Les principaux rassembleurs et rédacteurs de *Tossaphot* furent Perets de Corbeil, Éliezer de Toucques et Asher ben Yehiel, dit le Roch, qui avait été le disciple de Meïr de Rothenbourg. Avec eux prit fin une période de création qui avait duré près de deux siècles. La considération des talmudistes pour les *Tossaphot* était telle que les premiers imprimeurs du Talmud résolurent de les imprimer avec le commentaire de Rachi, le côté intérieur des pages étant réservé à l'un et le côté extérieur aux autres. Ensemble ils entouraient le texte du Talmud. C'est ainsi que se forma la triade *Guemara* (texte du Talmud), *Perouch* (commentaire de Rachi) et *Tossaphot* qui domine les études talmudiques jusqu'à nos jours. A l'exception de quelques éditions orientales anciennes, ils devaient toujours être imprimés ensemble.

Les *Tossaphot* n'ont pas seulement valeur théorique. Nombre d'entre eux précisent la *halakha*. Aussi les éditions modernes du Talmud en présentent-elles un résumé appelé *Pisqé ha-Tossaphot*, « Les Sentences des *Tossaphot* ». Cette fonction législative est cependant d'importance secondaire. Les *Tossaphot* servent surtout à une meilleure compréhension du Talmud et du commentaire de Rachi, même quand ils le contredisent. Leur étude combinée avec celle de la *Guemara* et de Rachi fut considérée comme un véritable devoir religieux.

On a parfois comparé l'œuvre des Tossaphistes avec celle des glossateurs chrétiens contemporains. Les juifs de Champagne et de Paris auraient pu les connaître et s'en inspirer mais rien ne confirme cette hypothèse. Il

reste que les deux siècles consacrés à la rédaction des
Tossaphot en France ont constitué un des âges d'or de
la culture rabbinique qui n'a cessé de s'en nourrir
jusqu'à nos jours.

Les disciples chrétiens

L'étude de la Bible n'était certes pas le seul fait des
juifs au Moyen Âge. Les exégètes chrétiens que la mise
au point du texte de la Vulgate avait longuement
préoccupés savaient que l'original de l'Ancien Testament était en hébreu et qu'il importait donc, pour
mieux le comprendre, de se rapprocher de la *Veritas
Hebraica*. Jusqu'au XIIe siècle, des rencontres occasion-
nelles avec des marchands juifs dont la science hébraïque n'était pas considérable, le recours peu fréquent à
un juif plus instruit permettaient la transmission de
renseignements ponctuels, mais il serait bien exagéré
d'y trouver la trace d'une véritable initiation chrétienne à l'étude de la Bible hébraïque.

Les premiers exégètes juifs du Moyen Âge occiden-
tal connaissaient-ils la Bible chrétienne en latin ?
Certains l'affirment au vu de ce qu'ils considèrent
comme une polémique antichrétienne dissimulée dans
les commentaires d'un Rachi, ou d'un Rachbam à
propos des versets de la Bible sur lesquels l'exégèse
chrétienne traditionnelle étayait la vérité du christianisme. Une telle hypothèse semble ignorer que les juifs
étaient soumis depuis fort longtemps à une véritable
mission chrétienne qui citait certains versets de
l'Ancien Testament à l'appui du Nouveau. Ils avaient
dû se défendre à l'occasion contre ces interprétations
dans leurs rencontres avec leurs contemporains qui

souhaitaient les ramener sur le droit chemin. Les exégètes juifs du Moyen Âge n'avaient donc pas besoin de lire la Bible latine pour les connaître. Sans vouloir polémiquer, ils se contentèrent de rapporter l'interprétation traditionnelle juive des versets controversés qui était à leurs yeux un enseignement irréfutable, sans même rappeler la position de leurs adversaires.

Pendant un certain temps, l'Église trouva ses experts en judaïsme parmi les apostats qui n'étaient pas rares dans les périodes de persécution mais bientôt le développement des universités permit celui des études hébraïques parmi les chrétiens eux-mêmes. Le plus connu des polémistes chrétiens contre les juifs fut le franciscain Nicolas de Lyre (1270-1349). Pour les besoins de sa polémique — qui lui inspira deux ouvrages — il étudia la Bible hébraïque, le Midrach, le Talmud, les écrits de Maïmonide et ceux de Rachi. Il était arrivé à un degré de connaissance qui lui permettait de lire les textes hébraïques et de ne plus se contenter des renseignements transmis oralement par des juifs. Pour lui, Rachi — qu'il appelle « Rabbi Salomon » — était celui des docteurs juifs qui « s'était exprimé le plus raisonnablement pour amener au sens littéral ». Il avait donc été séduit par le *pechat* de Rachi. Nicolas de Lyre cite si souvent Rachi nommément ou sans mentionner son nom qu'on lui en fit le reproche : il fut surnommé le singe de Rachi !

Les commentaires de Nicolas de Lyre exercèrent une influence considérable sur l'exégèse chrétienne du XIVe siècle jusqu'à Luther, à tel point qu'on a pu dire : « *Si Lyra non lyrasset, Luther non saltaret* », « Si Nicolas de Lyre n'avait joué de sa lyre, Luther n'aurait pu danser ! » L'enseignement du maître de

Troyes fit par ce biais son entrée dans la tradition
exégétique chrétienne.

La récente publication d'un commentaire anonyme
chrétien du Cantique des Cantiques « *secundum Salo-
monen* », « d'après Salomon », c'est-à-dire Rachi, souligne encore l'influence de celui-ci. Cet exemple
prouve que l'œuvre de Rachi n'était pas perçue comme
polémique. Rachi avait écrit un commentaire juif, et
non un commentaire antichrétien. Il devint ainsi le
maître de quelques générations d'exégètes chrétiens
qui diffusèrent les commentaires du « rabbin Salomon », ce dont il eût été le premier surpris.

CONCLUSION

L'hommage rendu à Rachi par les générations successives est unanime. C'est sans doute, comme le dit l'historien espagnol Abraham ben David, dû au fait que Rachi n'avait laissé aucun sujet, petit ou grand, sans l'avoir parfaitement expliqué : « Depuis que ses commentaires se sont répandus dans le monde, il n'y a pas eu de rabbin ou d'homme éminent qui ait étudié le Talmud sans lui. Aucun rabbin, aucun maître n'en a jamais vu de pareils. » Pour expliquer une telle unanimité, la légende a inventé un Rachi parcourant le monde pendant sept années, de l'Allemagne jusqu'en Perse ou en Turquie, sans trouver nulle part son égal.

Et pourtant si on le compare à l'autre grand homme de la synagogue, Maïmonide, on peut juger à bon droit que ce dernier était plus complet car il touchait à une foule de domaines variés — philosophie, médecine, astronomie etc. — auxquels Rachi ne s'est jamais intéressé. Le code maïmonidien a le mérite de donner une vue d'ensemble de la loi juive, mais il ne réussit pas à faire l'unanimité : d'être le premier grand philosophe juif ne pouvait qu'exposer Maïmonide à la critique de ses successeurs.

Rachi, dont Maïmonide ne connaissait d'ailleurs pas l'œuvre, lui ressemblait peu et c'est en reprenant les

principales critiques suscitées par l'œuvre du second
que la différence entre ces deux géants apparaîtra le
plus clairement. On reprochait en effet à Maïmonide
codificateur de ne pas indiquer ses sources, d'avoir
abandonné l'ordre du Talmud et proposé un *nouveau*
cadre pour la *halakha*, d'avoir renoncé à l'araméen
talmudique en faveur de l'hébreu, en somme d'avoir
voulu écrire un ouvrage définitif susceptible de remplacer le Talmud. La mise à l'écart des opinions que
Maïmonide ne partageait pas était perçue comme une
tentative délibérée pour imposer sa propre conception
de la *halakha* et écarter toute possibilité de controverse
ultérieure.

Aucun de ces reproches ne pouvait être adressé à
Rachi. Il n'avait jamais essayé de codifier toute la loi
juive, et avait bien pris garde de ne s'écarter ni de
l'esprit ni du langage talmudiques. Son commentaire
se proposait de coller autant que possible au texte
talmudique qu'il interprétait en reprenant son vocabulaire et suivait pas à pas. Il ne manquait pas non plus de
se référer à ses maîtres et collègues de Mayence et de
Worms quand le sujet ou le cours de la discussion
l'exigeaient. Là où Maïmonide dominait le texte et la
loi, Rachi s'en était fait le serviteur.

Il s'y employait en toute simplicité, en évitant toute
condescendance et toute marque de supériorité. C'est
ainsi qu'il marque sa déférence envers Jacob ben
Durbelo dans un de ses *responsa* :

> « Comment pourrai-je, moi qui suis humble et sans
> forces, lever la tête devant cette montagne haute et
> imposante... Comment notre vieux maître, le maître des
> grandes sommités, Jacob ben Durbelo, peut-il deman-
> der à un homme aussi jeune de donner une opinion sur

un litige ? Mon cœur me dit que c'est parce que je lui suis cher depuis qu'il m'a pris en affection. Il prend plaisir avec son fils mineur pour examiner ce vaisseau vide. Peut-être serai-je assez intelligent pour répondre justement afin que mon maître s'écrie : mon fils est sage, et que je me réjouisse » (*Responsa* n° 72).

A plus d'une reprise, il avoue : « J'ai fait erreur, je renonce à mon opinion antérieure », ou « Je ne sais pas ». Quand il n'est pas d'accord avec son interlocuteur, il se refuse à l'interpeller et se contente d'une remarque. S'il parvient à une conclusion, qui risque de ne pas être comprise, d'être utilisée sans discernement, il demande « de ne pas publier la chose ».

Il opte toujours, quand c'est possible, pour la solution la plus indulgente, mais il n'est pas dupe :

> « L'habitude des hommes fait que lorsqu'on leur permet quelque chose vu les circonstances, ils comprennent que cette chose est permise en soi et en deviennent encore moins rigoureux ! »

Pour Rachi, la vie communautaire constitue une valeur en soi. Il recommande donc la discipline, rejette tout ce qui porte atteinte à l'autorité de la communauté et se refuse à intervenir dans les affaires intérieures d'une autre communauté. Tel est le prix de la paix. Dans un de ses *responsa*, il recommande :

> « Vous, attachez-vous à poursuivre la paix... La paix vous sera utile pour vous sauver de l'oppresseur. Satan ne pourra plus régner sur vous. Nos Sages l'ont déjà dit : grande est la paix, car elle a été confiée aux justes et non aux méchants. Que Celui dont le nom et la bénédiction sont la paix, veuille vous combler de paix. »

Sa légende se répandit aussi dans le monde chrétien. On raconte qu'à la veille de son départ pour la croisade, Godefroy de Bouillon vint en personne consulter Rachi sur les chances de succès de sa mission. Rachi lui prédit qu'après une première victoire son armée serait vaincue et qu'il rentrerait avec seulement deux cavaliers. Tout se déroula selon ses prédictions. A son retour à Worms, où la légende situe ce récit, Godefroy[1] voulut rendre visite à Rachi mais ce dernier venait de mourir.

Sur le plan de l'enseignement, Rachi apparaît comme un maître bienveillant qui guide pas à pas son élève, fût-il débutant ou talmudiste confirmé.

Au XIIe siècle Eliézer ben Nathan (Raavan), un des maîtres du judaïsme rhénan, apprécie ainsi son apport :

> « Rabenou Salomon l'Ancien — qu'il repose en paix — dont nous buvons l'eau et de la bouche duquel nous vivons [...] a construit, fixé et procuré des poignées qui permettent de saisir la Torah. Ses livres ont préservé la science, et la Torah recherchée et renouvelée a été redonnée de sa bouche. Elle fut une Torah de vérité dans sa bouche, car il se conduisait pacifiquement et en droiture. Il donna au monde le troisième support[2] sur lequel il repose. »

On appréciait en Rachi l'alliance de l'amour de la Torah et d'une vie de droiture. Pour lui d'ailleurs,

1. En vérité, Godefroy mourut pendant la première croisade. Il avait massacré les juifs de Jérusalem pendant l'été 1098.
2. La Torah, qui s'ajoute au culte et à la charité, selon les *Pirké Avot I, 3*.

l'étude constituait une introduction à la vie morale. Faut-il s'étonner qu'il soit ainsi devenu le prototype du *talmid hakham*, dont la vie constitue une perpétuelle sanctification du nom divin ? Au savoir hautain d'un Maïmonide, les fidèles préférèrent la simplicité de Rachi. Les élèves du Raban chel Israël, du maître d'Israël, déjà innombrables de son temps, sont aujourd'hui la totalité des juifs qui s'efforcent de comprendre la Torah ou le Talmud !

Dans le traité *Derekh Erets Zouta*[3], dont son élève Simha de Vitry transmit le texte qui avait servi dans l'école de Troyes, on lit cette description qui semble faite pour Rachi :

> « L'étudiant de la loi doit être humble, modeste, vif, ingénieux, soumis, aimé de tous, aimable envers les gens de sa maison. Il doit craindre le péché, et juger les hommes selon leurs actions et dire : tout ce que je possède dans ce monde, je ne le désire pas, car ce monde-ci ne m'appartient pas. Enveloppé dans son vêtement, il s'assiéra aux pieds des sages, et personne ne découvrira en lui quelque chose de repoussant. Il posera des questions pertinentes et répondra selon le sujet... Aime la Torah et honore-la. Efface ta volonté devant celle de tes proches... Efface ta volonté et celle de tes proches devant la volonté céleste... Ne médis pas, car la médisance est sans remède... Quiconque rougit ne parlera pas avec précipitation... Aime ceux qui te reprennent pour que tu puisses augmenter ta sagesse... Aime l'humilité pour que tu puisses remplir tes jours. Aime les pauvres pour que tu échappes à l'ange de la mort. Aime les pauvres pour que tes enfants échappent à cette condition. Aime la maison de prières, tu en retireras un bienfait quotidien... »

3. Un traité annexe à la littérature talmudique.

LES GLOSES EN FRANÇAIS

L'un des aspects les plus intéressants de la méthode de Rachi est son recours aux gloses françaises ou *laazim*. C'est un procédé qui est utilisé, à dose plus ou moins forte, par tous ou presque tous les maîtres de l'École française. Lorsqu'il s'agit d'identifier un animal ou une plante, il serait en effet oiseux de se livrer à des descriptions biologiques, et il est mille fois plus efficace de dire aux élèves : « C'est ce que dans votre langage vous appelez... » Dans de nombreux autres cas, ce système permet également de distinguer des acceptions parallèles, de faire comprendre des tournures particulières, de définir des objets d'usage courant, etc.

En général, les juifs, du moins les garçons, avaient été à l'école, mais uniquement à l'école juive. Comme ceux qui se destinaient à l'état ecclésiastique parmi les chrétiens étudiaient en latin, les jeunes israélites apprenaient l'hébreu. Personne ne songeait à enseigner le français qui était considéré comme un patois populaire. Les jeunes enfants d'Israël ignoraient donc généralement les caractères de la langue vulgaire, et, quand ils voulaient noter un mot français, ils le faisaient tout naturellement en caractères hébraïques. Ce système est ce qui a produit les « langues juives », qui se caractérisent principalement, au-delà de divergences phonétiques et morphologiques pour la plupart secondaires, par le fait qu'elles revêtent des termes étrangers d'un habit hébraïque. Nous connaissons aujourd'hui surtout le *yiddich*, qui est un dialecte allemand, et le *judezmo* ou *ladino,* dialecte espagnol, qui se présentent à l'œil comme de l'hébreu. Mais il y a eu, à travers l'histoire juive, d'autres symbioses du même ordre, comme le judéo-arabe et, dans ce cas précis, le judéo-français.

Que ce soit une véritable langue ou non (un de ses meilleurs spécialistes, le professeur Menahem Banitt n'y voit qu'un procédé d'écriture), le judéo-français a laissé d'importants vestiges. Ce sont surtout des gloses, comprenant un ou quelques mots pour traduire une notion difficile, soit des commentaires suivis de textes, où elles sont noyées dans l'hébreu du contexte, soit des glossaires, comportant seulement ou presque le mot à traduire et l'équivalent français. Mais il nous reste aussi des textes plus importants, dont le plus complet et le plus émouvant est la *Complainte des martyrs de Troyes,* découverte dans un manuscrit du Vatican et publié au siècle dernier par Arsène Darmesteter.

Dans l'usage courant, la transcription hébraïque du mot français est affectée de guillemets placés entre l'avant-dernière et la dernière lettre. Ce procédé servait à indiquer qu'il ne s'agissait pas d'un vocable normal ; le signe utilisé est donc l'équivalent d'italiques. La transcription était le plus souvent accompagnée de l'expression *be-la'az,* qui signifie « en langue non hébraïque » (d'après Ps 114,1).

Peu après l'expulsion des juifs de France, ces groupes de lettres devinrent incompréhensibles aux étudiants du Talmud. Par respect, ils continuèrent à les copier sans les comprendre, et naturellement y introduisirent de plus en plus d'erreurs. Au XVIIIᵉ siècle, quelques savants essayèrent de dégager le sens de ces grimoires mais il leur manquait d'ordinaire l'esprit scientifique et la familiarité avec l'ancien français. Ce n'est qu'à la fin du XIXᵉ siècle qu'un ancien élève-rabbin devenu professeur de philologie française à la Sorbonne, Arsène Darmesteter (1846-1888), entreprit d'étudier sérieusement ce domaine. Il obtint des ordres de mission pour examiner les manuscrits les plus anciens de Rachi dans les bibliothèques d'Europe, et commença à établir des listes de vocables français contenus dans ces textes. Mais le travail gigantesque auquel il se livra pour poser les bases générales de l'étude de l'ancien français finit par l'épuiser, et il mourut à quarante-deux ans. La plupart de ses travaux étaient restés à l'état d'ébauche.

En 1929, David Simon Blondheim, qui devait devenir professeur de philologie française à l'Université John Hopkins de Baltimore, reprit les notes de Darmesteter, et, avec une admirable minutie, publia la liste des gloses franco-hébraïques de Rachi sur le Talmud. Un deuxième volume, destiné à comprendre les résultats de ses recherches lexicographiques, ne fut qu'entamé, car Blondheim, lui aussi, disparut prématurément (1887-1934).

Les gloses du commentaire biblique furent publiées, dans une série de fascicules de la *Revue des études juives,* par Louis Brandin (1894-1940), mais sans le soin et la science de Blondheim. Par la suite, parut à Jérusalem (1988) un recueil de ces mêmes gloses grâce à la diligence d'un chercheur venu d'Angleterre, J. Greenberg, qui se donna la peine de les traduire dans plusieurs langues : hébreu, yiddich, anglais, français.

Enfin, l'auteur de ces lignes, qui avait déjà publié en 1984 (2ᵉ édition corrigée : 1988) une liste des gloses du commentaire talmudique avec traduction et explications en hébreu, a fait paraître (fin 1990) une liste analogue des gloses du commentaire biblique. Signalons en outre l'ouvrage d'Israël Gukovitzki (Londres, 1985), qui donne l'équivalent de chaque glose du Talmud en ancien français, en hébreu, en anglais et en français moderne, selon une autre méthode.

Il faut souligner que les termes transcrits contenus dans les œuvres de Rachi et de tous les rabbins français du Moyen Âge constituent un apport considérable pour l'étude de l'ancien français. En effet, au xiᵉ et au xiiᵉ siècles, il n'existe presque pas de littérature en langue vulgaire, car l'on continue à écrire en latin. Ce qui nous reste de l'ancien français de cette période est quantitativement très faible et appartient à des domaines restreints : brouillons de sermons, cantiques populaires découverts souvent dans de vieilles reliures. En comparaison, les sources rabbiniques sont abondantes et variées. Il est d'autant plus regrettable qu'il n'y ait pas d'équipe de savants, en France et en Israël, qui exploitent scientifiquement cette masse de documents linguistiques.

Quelques exemples

ALMENBRE (glose de *bima*, « estrade », Talmud, *Avoda zara* 16a *et passim*) : l'*almenbre* est une tribune placée au milieu de la synagogue, sur laquelle on fait la lecture de la Loi. Jusqu'à ce jour, les juifs occidentaux utilisent le mot sous la forme *almemor*. Il est d'origine arabe.

BON MALANT (glose de *askara*, « croup », Talmud, *Berakhot* 8a *et passim*) : *malant*, sans doute proche de « mal, malade », signifie « ulcère ». Quant à *bon*, on peut l'expliquer de deux manières : ou bien c'est un euphémisme (comme « une bonne raclée », « un bon rhume »), ou bien c'est un autre mot, forme abrégée de « bubon », enflure (des ganglions lymphatiques, par exemple dans la peste). Cf. J. Preuss : *Bon malan bei Raschi*, dans *Festschrift zum 70. Geburtstage A. Berliner's* (Berlin, 1903), p. 296-300. L'expression, qui figure neuf fois dans Rachi sur le Talmud, ne figure dans aucune autre source connue.

BUCE (glose de *bitsit*, Talmud, *Bava batra* 73a) : *bitsit* est un bateau de marchandises, ce qu'on appelle aujourd'hui un cargo. Samuel ben Meïr, le petit-fils de Rachi, qui est l'auteur de cette partie du commentaire, signale que le mot français est proche du mot hébraïque (le *c* se prononçait *ts*). Sans exagérer ce phénomène, comme le fait le professeur Menahem Banitt (*Rashi Interpreter of the Biblical Letter*, Tel-Aviv, 1985), il faut convenir qu'il est assez fréquent, mais le commentateur ne l'exprime généralement pas si clairement.

COGILON (glose de *mirtakha*, « litharge », Talmud, *Ghittin*

69b et 86a) : c'est une appellation de la litharge (oxyde de plomb). Le vocable est peut-être apparenté à « coquille », parce que la litharge est l'enveloppe du minerai d'argent. Une autre explication le ferait venir du latin *cucullio* (« capuchon ») ; en dialecte poitevin *cagouyon* est l'enveloppe du grain de blé.

COSTENTIN NOBLE (glose indépendante, Talmud, *Bava qamma* 36b) : parlant d'une certaine monnaie, Rachi — ou celui qui s'est substitué à lui, car il n'est pas du tout sûr que cette glose, figurant sous cette forme dans un seul manuscrit, soit authentique — indique qu'elle était frappée à Constantinople et transcrit le nom de la capitale de l'Empire byzantin comme s'il était formé de deux mots, dont le second serait « noble » : il s'agit là d'une sorte d'étymologie populaire.

CRESTANGE BODEL, BODEL SACELIER (gloses de *sanya divi*, « partie de l'intestin », Talmud, *Houllin* 50b) : *bodel,* de la racine qui a donné *bedaine* et *boudin* et qui s'apparente peut-être à l'hébreu *beten,* « ventre », est l'intestin. *Crestange,* « denté » (cf. « crête »), se rapporte au fait que l'intestin grêle est formé d'une suite de circonvolutions. Quant à *sacelier,* dérivé de « sac », c'est une autre description du même intestin, vu comme une succession de petits sacs.

CULEIN (glose de *pèrè*, « sauvage », Jér 2, 24) : interprétation hypothétique d'une glose qui ne figure pas dans les plus anciens manuscrits et qui est remplacée dans certains textes par l'italien *selvatico* (« sauvage »). Ce serait un adjectif formé sur « cul » et désignant quelque chose de très vulgaire, mais le mot est inconnu dans les dictionnaires d'ancien français.

DEINTIERS (glose de *megadim*, « cadeaux précieux », Talmud, *Sanhédrin* 100a) : du latin *dignitates*, ce terme, en général orthographié *daintiés*, représente toute sorte de biens précieux, ici des friandises, ailleurs des possessions, des jouissances, des valeurs.

DESENBELIR (glose de *tefaer*, « tu découronneras », Talmud,

Houllin 131b) : Rachi veut expliquer le phénomène, courant en hébreu, qu'une même racine indique une idée et son contraire. Ainsi, pour comprendre que le verbe *paer* signifie d'une part « parer, embellir, glorifier » et d'autre part « découronner, dégarnir », il cite (et vraisemblablement il invente) le terme de *desenbelir*, formé d'*enbelir* (« embellir ») et du privatif *des-*.

DOISIL (glose de *barzanita*, « perce d'un tonneau », Talmud, *Bava metsi'a* 40b) : dérivé de *dois* (bas-latin *ductium*, « passage », « écoulement »). Un *doisil* est un « robinet », ou plus exactement un trou dans un tonneau.

DUJELMES (glose de *pelekh*, « province », Ne 3, 9) : forme ancienne de *duchés* ; à cause de la ressemblance formelle du *r* et du *d* en hébreu, certains lisent *reelmes* (« royaumes »).

ENCREISANT (glose de *behala*, Talmud, *Nidda* 47a, et de *neetarot*, Pr 17, 6) : Rachi explique que ce mot se rapporte à la fois au verbe *encreistre*, de « creistre » (« croître », « grandir ») et à son homonyme (plus fréquemment attesté sous la force *engreistre*), qui signifie « déranger, importuner » et dont on ignore l'origine. Il veut ainsi justifier l'idée du Talmud que l'abondance peut entraîner le dégoût. Dans Gen 15, 21, le même mot est employé pour « importuner de ses prières ».

EN SON AISE (glose de *al yado*, « à côté de lui », Nb 2, 17) : littéralement « à côté de lui », mais Rachi traduit selon l'étymologie d' « aise » : le latin *adjacens*, « contigu ». Le mot a évolué et a fini par désigner l'espace entourant une personne, qu'elle peut atteindre de sa main et par conséquent où elle est capable de circuler librement. *Aise* figure aussi au sens d' « espace libre » dans Isaïe 57,8.

ESCHARPELIERE (glose de *pounda*, « bourse », Talmud, *Nedarim* 55b) : Blondheim a renoncé à identifier cette glose, qui figure dans le seul manuscrit digne de foi sous la forme *srpirla* (à laquelle il faut naturellement ajouter les voyelles, qui ne s'écrivent pas dans l'orthographe hébraïque). La solution ci-dessus est hypothétique, mais il semble certain qu'il s'agit d'un mot apparenté au germanique *skarpa*, d'où vient le français moderne « écharpe ».

Une écharpelière est une sorte de sac, pendu au cou, et non une sorte de ceinture, comme le comprend Blondheim. Après la glose on lit encore les lettres *pnda* : ou bien c'est un doublon du lemme, ou bien c'est le mot italien *fonda*, « bourse ».

FEISOL (glose de *pol*, « haricot », Talmud, *Erouvin* 28b et *Roch Hachana* 13b) : normalement *feisol*, « haricot » ou « fève », vient du latin *chaseolus*, mais il semble que l'évolution du mot doive quelque chose à l'influence de *fabeolus*, « petite fève », et de *pisellum*, « petit pois ». Les dictionnaires ne donnent que le provençal « *faizol* ».

FERMÁLIE AATINE (glose de *arav et libbo*, « engagea son cœur », c'est-à-dire « osa se risquer », Jr 40, 21) : *fermálie* (de « fermer », fixer, établir) est un enjeu, un accord, une obligation assumée. *Aatine* (origine douteuse, peut-être apparentée à hâte) : une gageure. Ces deux mots, dont l'asyndète est curieuse, viennent illustrer l'expression « oserait se risquer ». *Fermálie* traduit aussi *hamraa* (« pari »), dans le Talmud, *Shevouot* 31a.

GAROVE (glose de *hayyat ha-sadé*, « bête de champ », Jb 5, 23) : littéralement, la Bible parle d'une « bête de champ », et Rachi le comprend comme un animal effrayant. Il s'agit naturellement d'un loup-garou, connu par les légendes, surtout allemandes, et dont l'expression française usuelle est pléonastique, puisque *garou* vient de *Wehrwolf*, la deuxième syllabe signifiant déjà « loup ».

LA COLEDE DE SA PERIERE (glose de *ou-mehi qavollo*, « et le coup de son bélier », Ez 26, 9) : glose absente des plus anciens manuscrits et figurant dans les textes postérieurs sous une forme modernisée (« colee »). *Colede* est un coup frappé sur le cou et, par extension, un coup en général. *Periere* est une catapulte (du radical de « pierre »). Nous avons ici un exemple de traduction de tout un groupe de mots. Voir aussi *colede maciede* (« coup assené ») dans le Talmud, *Houllin* 45b.

LES PAS DU FORT (glose de *mits'adé ghever*, « les pas de l'homme », Ps 37, 23) : de nouveau une expression composée, où le second mot, traduit dans les versions modernes par « homme » (par opposition à « femme »), est effectivement en rapport avec le radical *gvr*, d'où *ghevoura*, « force, vaillance, héroïsme ».

MEINWESTIR (glose de *wa-yemallé eth yad...*, « et il remplit la main », c'est-à-dire il investit, Jg 17, 5) : l'hébreu « remplir la main » est employé pour la nomination d'une personne à une fonction. Rachi a trouvé en français médiéval une expression correspondante : *meinwestir*, c'est-à-dire « habiller la main », qui est une désignation de l'investiture.

MEISELINS (glose de *elow*, forme possessive de *elim*, « salles », Ez 40, 37) : le mot ne se trouve pas dans les dictionnaires, mais il se dérive aisément de *meisel* (« boucherie ») et représente sans doute une construction en arcade, qui servait à placer des magasins, des boutiques. Dans les textes tardifs, la glose est précédée de *porches*, peut-être parce que le mot *meiselin* était sorti de l'usage.

MER BETÉE (glose de *Yam ha-Mèlah*, « la mer du Sel », c'est-à-dire la mer Morte, Talmud, *Pesahim* 28a) : l'adjectif est vraisemblablement compris comme dérivé de *betum*, « bitume ». Mais dans les sources médiévales françaises, la *Mer betée* est une mer de glace légendaire de l'extrême nord, et *beté* y signifie « gelé », « figé ». L'authenticité de la glose a été discutée, mais, même si elle n'est pas de Rachi, elle appartient au français médiéval.

NUITUM (glose de *ben nefilim*, « fils d'anges déchus », Talmud, *Bekhorot* 44b) : ce mot, apparenté au français moderne « lutin », est vraisemblablement dérivé d'une contamination entre une forme ancienne du nom du dieu grec Neptune et « nuit ». C'est sans doute le même terme qui figure dans le *Talmud Me 'ila* 17b, sous la forme *nutiun*.

OBLEDES (glose de *pat kisnin*, sorte de pain d'épices, Gn 40, 16) : cette pâtisserie (français moderne : oublies) n'est pas mentionnée dans le texte de la Bible, mais Rachi, en interprétant le mot « panier » — les paniers que le panetier du Pharaon portait sur la tête — raconte que les marchands d'oublies utilisent cette sorte de panier. (La glose figure aussi dans le Talmud, *Berakhot* 41a-42a, pour désigner une sorte de gaufrette ou de pain d'épices.)

OVREDURE (glose de *qora*, « poutre », Talmud, *Mo'ed qatan* 11a) : il s'agit de la partie supérieure du chambranle de la porte, et l'origine du mot paraît être l'allemand *Oberthür* (le *t* figure et non un *d*, dans la plupart des textes). Pourtant il semble qu'on l'ait compris en français comme un nom verbal du verbe « ovrir » (« ouvrir »).

PARASOVIZ (glose de *malé*, « plein », Talmud, *Zevahim* 4b) : mot composé du préfixe *par-*, qui indique une espèce de superlatif, et du participe *asoviz* (français moderne : « assouvi ») au sens de « complet, réalisé, accompli » ; il signifie donc « parfait ».

PASKE (glose de *pesah*, « pâque », Ex 12, 11) : L'origine du nom de la fête de Pâque est le récit de la Bible, selon lequel, en mettant à mort les premiers-nés de l'Égypte, Dieu a épargné ceux des juifs : littéralement a « sauté » sur les maisons qui, selon la recommandation divine, avaient leur chambranle badigeonné avec le sang de l'agneau pascal. Ce verbe *pasah* (« sauter » ; cf. *piseah*, « boiteux »), Rachi semble le mettre en rapport avec le français « passer ».

PEISION (glose de *nikhpé*, « épileptique », Talmud, *Ketouboth* 60b) : ce mot désigne l'épilepsie, qu'on trouve appelée dans d'autres sources médiévales *male passion* (« *mauvaise souffrance* »).

PROVINZ (glose de *zemoroth*, « sarments », Talmud, *Roch Hachana* 9b) : « boutures de vignes ». Il semble que Rachi ait vu dans *provinz* un dérivé de « vigne », alors que les linguistes considèrent que le mot vient du verbe *propagare*, « multiplier ».

RIEDREGARDES (glose de *dirkhaot*, « relais », Talmud, *Yoma* 68b) : le mot correspond parfaitement au français moderne « arrière-garde », mais Rachi l'applique à la file d'observateurs placés à bonne distance l'un de l'autre, de Jérusalem au rocher d'où était jeté le bouc émissaire. Il faut donc l'interpréter comme « regardant en arrière », parce que chacun devait apercevoir et transmettre le signal que le bouc s'était fracassé les os, afin que la nouvelle parvienne à Jérusalem et que le service d'expiation puisse se poursuivre au Temple.

SERE (glose de *masor*, « scie », Talmud, *Soukka* 34a *et passim*) : c'est l'ancien mot pour « scie », du latin *serra*. Mais souvent cette glose est accompagnée d'une autre : *sige*, ancienne forme de « scie », du verbe *secare*, « couper ». *Sere* a sans doute disparu devant son synonyme à cause des nombreux homonymes qui faisaient de lui un terme peu clair (« montagne », « serrure », « prison », « série », etc.).

SOHEIDEMENT (glose de *ahalay*, « plaise au ciel », II R 5, 3) : cette forme du nom verbal de « souhaiter » semble avoir été comprise par Rachi comme une phrase : « *ço ai demant* », c'est-à-dire « cela j'ai demandé, tel est mon désir ».

TABAHIE (glose de *halholet*, « intestin », Es 36, 12, et plusieurs fois dans le Talmud comme glose de *karkecha*) : ce terme n'appartient pas au texte biblique, mais au commentaire de Rachi, et signifie « anus ». L'intérêt particulier de cette glose est qu'elle comprend un phonème qui n'existe pas (et n'a jamais existé) en français : la *j* espagnole et le *ch* allemand. Elle est d'origine arabe, peut-être proche de l'hébreu, *tavah*, *mitbah* (« mettre à mort », « cuisine ») et avait comme sens originel : « intestin farci ». Elle figure cinq fois dans les commentaires de Rachi sur le Talmud.

TAN (glose de *kelippot èrez*, « écorces de cèdre », Talmud, *Shabbat* 79a) : le Talmud parle ici d'écorce de cèdre, mais il semble que Rachi ait remplacé cet arbre exotique par l'essence qui servait, en France, à la préparation du cuir, le chêne.

TORNER (glose de *avra tsourato*, « sa forme a changé »,
Talmud, *Bava batra* 95b et de *'arakh*, « préparer »,
Talmud, *Menahoth* 50b et 55a) : ici le verbe *torner* est
employé dans un sens particulier : « tourner la pâte pour
lui donner la forme du pain ». Il est accouplé avec la glose
entorter, arrondir comme pour faire une tarte (certains
linguistes lisent *torter* au lieu de *torner*), et précédé de
l'expression : « en français », ce qui semble vouloir dire
qu'*entorter* est un terme spécial, employé par les juifs, sans
doute pour désigner la forme particulière des miches
préparées pour les repas sabbatiques.

WINOS (glose de *hamar*, « vineux », Ps 75, 9) : le terme
hébraïque est un adjectif ou un nom qualificatif, accompa-
gnant le mot « vin » *(yayin)*. Il semble que « vin vineux »
indique la force du vin, par opposition à un vin aqueux.

Extrait des recueils de gloses de Rachi publiés en hébreu par
Moché Catane (Jérusalem, 1984-1991) qu'il a bien voulu
traduire et adapter pour l'insérer dans cet ouvrage.

LA FIN DE LA COMMUNAUTÉ
DE TROYES

LES MARTYRS DE TROYES (1288)

Elle est mise à grand mal, la malheureuse gent ;
Et ce n'est pas sa faute, si la rage la prend,
Car d'entre eux sont brûlés maints preux braves et gens,
Qui n'ont pù pour leur vie donner rachat d'argent.

Notre joie est troublée, troublé notre déduit.
Car ceux que la Torah occupait sans répit,
Étudiant sans fin et de jour et de nuit,
Ils ont reconnu Dieu ! Et tous ils sont détruits.

De la félonne gent, nous souffrons ces douleurs,
A bon droit nous pouvons bien changer de couleur.
Dieu ! prends-nous en pitié : entends nos cris, nos pleurs !
Car nous avons perdu maint homme de malheur.

En place est amené Rab Isaac Châtelain
Qui pour Dieu laissa rentes et maisons tout à plein.
Il se rend au Seigneur. Riche était de tous biens
Bon auteur de *Tosphot*[1] et bon auteur de *plains*[2].

1. Additions au commentaire talmudique.
2. Complaintes.

Lorsque la noble femme vit brûler son mari,
Le départ lui fit mal ; elle en jeta grand cri :
« Je mourrai de la mort dont mourut mon ami. »
Elle était grosse ; aussi grand'peine elle souffrit.

Deux frères sont brûlés, un petit et un grand ;
Le plus jeune s'effraie du feu qui lors s'éprend :
« Haro ! je brûle entier ! » et l'aîné lui apprend :
« Au paradis tu vas aller ; j'en suis garant. »

La bru qui fut si belle, on vint pour la prêcher :
« Pour te tenir bien chère, nous t'offrons écuyer ».
Elle, aussitôt, contre eux commença à cracher :
« Je ne laisserai Dieu, vous pouvez m'écorcher. »

D'une voix tous ensemble, ils chantaient haut et clair,
Comme des gens de fête qui dussent caracoler.
Leurs mains étaient liées, ils ne pouvaient baller,
Jamais on ne vit gens si vivement marcher.

Le félon, le maudit, les brûlait, irrité
Les uns après les autres. Alors un *kadosch*[3] : « Fais,
Fais grand feu, méchant homme », il osa l'outrager.
Elle fut belle, la fin de Biendict d'Avirey.

Il y eut un noble homme qui se prit à pleurer :
« Pour mes enfants, je pleure ici désespéré,
Non pour moi. » Il se fit brûler sans plus tarder ;
Ce fut Simon, *sopher*[4], qui sut si bien *orer*[5].

Les prêcheurs sont venus Isaac Cohen quérir :
« Qu'il abjure, ou sinon il lui faudra périr. »
— « Que me demandez-vous ? Pour Dieu je veux mourir.
Prêtre, je veux l'offrande de mon corps lui offrir. »

3. Saint.
4. Scribe.
5. Lire, prier.

— « Tu ne peux échapper, puisque nous te tenons,
Deviens chrétien. » Mais lui, aussitôt répond : « Non,
Pour les chiens, je ne veux laisser Dieu, ni son Nom ! »
On l'appelait Haïm, le maître de Brinon.

Il y eut un *kadosch* qui fut conduit avant ;
On lui fit petit feu qu'on allait avivant.
De bon cœur, il invoque Dieu, menu et souvent,
Souffrant doucement peine au nom du Dieu vivant.

Dieu vengeur, Dieu jaloux ! Venge-nous des félons ;
D'attendre ta vengeance, le jour nous semble long !
A te prier d'un cœur entier, là où nous restons et allons,
Nous sommes prêts et disposés, réponds, Dieu, quand nous
   t'appelons.

Cette complainte juive en vieux français,
recueillie par Arsène Darmesteter,
a été publiée dans la *Revue des Études juives* (11, 199 et suiv.).

TABLE

*La composition
et l'impression de ce livre ont été effectuées
par l'imprimerie Bussière
pour les Éditions Albin Michel*

Achevé d'imprimer en septembre 1991
N° d'édition : 11385. N° d'impression : 2439
Dépôt légal : octobre 1991